ClimatePartner°
klimaneutral
Verlag | ID: 128-50040-1010-1082

Dieses Buch wurde klimaneutral hergestellt. CO_2-Emissionen vermeiden,
reduzieren, kompensieren – nach diesem Grundsatz handelt der oekom verlag.
Unvermeidbare Emissionen kompensiert der Verlag durch Investitionen in ein
Gold-Standard-Projekt. Mehr Informationen finden Sie unter www.oekom.de

Bibliografische Information der Deutschen Nationalbibliothek:
Die Deutsche Nationalbibliothek verzeichnet diese Publikation in der
Deutschen Nationalbibliografie; detaillierte bibliografische Daten
sind im Internet über http://dnb.d-nb.de abrufbar.

Lektorat: Stephanie Meyer-Steidl
Umschlaggestaltung: Torge Stoffers, Leipzig
Umschlagillustration: shutterstock.com
Herstellung+Satz: Ines Swoboda

Druck: Kessler Druck + Medien, Bobingen

Dieses Buch wurde auf FSC-zertifiziertem Recyclingpapier
und auf Papier aus anderen kontrollierten Quellen gedruckt,
Circleoffset Premium White.
FSC® (Forest Stewardship Council) ist eine nichtstaatliche,
gemeinnützige Organisation, die sich für eine ökologische und
sozialverantwortliche Nutzung der Wälder unserer Erde einsetzt.

Armin Grunwald

Ende einer Illusion

Warum ökologisch korrekter Konsum uns nicht retten wird

Konsumieren wir uns zu Tode?

Für die meisten Menschen in den reichen Ländern ist der Konsum von Gütern und Dienstleistungen selbstverständlicher Teil des Alltagslebens. Geld für individuelle Zwecke wie Kleidung, Essen, Unterhaltung, Kultur, Mobilität oder Urlaub ausgeben zu können, ist eine wesentliche Voraussetzung für Zufriedenheit und Lebensqualität. Der in die deutsche Sprache eingebürgerte Begriff vom »shoppen gehen« verdeutlicht: Beim Konsumieren geht es nicht einfach darum, elementare Bedürfnisse zu befriedigen. Es geht um ein Lebensgefühl. Durch Konsum werden sozialer Status und wirtschaftlicher Erfolg dokumentiert, vor sich selbst und vor anderen.

Derzeit macht der Konsum etwa 75 Prozent der Wirtschaftsleistung aus, der Anteil des privaten Konsums liegt zwischen 50 und 60 Prozent – allein diese Zahlen machen seine Bedeutung klar. Sie zeigt sich besonders dann, wenn Konsumenten sich zurückhalten. Falls beispielsweise die

Arbeitsmarkt- und Wirtschaftsprognosen eher zum Sparen als zum Geldausgeben anhalten, ist eine »Konsumhemmung« die Folge. Dann wächst die Sorge in Wirtschaft und Politik, dass mit dem Konsum ein wichtiger Motor der Wirtschaft ins Stottern geraten und eine Abwärtsspirale drohen könnte. In der Folge wird zu mehr Konsum aufgerufen, vor allem im Weihnachtsgeschäft, und manche politischen Verlautbarungen klingen so, als gebe es eine staatsbürgerliche Pflicht zum Einkaufen, um das Wirtschaftswachstum zu befördern.

Wirtschaftswunder – Wachstum ohne Ende?

Diese zentrale Bedeutung hat der Konsum noch nicht lange (König 2008). Erst seit der industriellen Revolution und dem zunehmenden Wohlstand immer weiterer Bevölkerungskreise hat sie deutlich zugenommen. Dies gilt vor allem für die Zeit nach dem Zweiten Weltkrieg. In den 1950er-Jahren kam es zum sprichwörtlich gewordenen »Wirtschaftswunder« in Deutschland und vielen westlichen Ländern, das sich in einer starken Zunahme des Wohlstands und des Konsums zeigte.

Wirtschaftswachstum und Konsumsteigerung sind zentrale Ziele in Politik, Wirtschaft und Gesellschaft. Daran hat auch die wachstumskritische Debatte der letzten Jahre (Grunwald/Kopfmüller 2012) nichts Grundsätzliches geändert. Wahlentscheidend ist nach wie vor, ob und inwieweit Regierungen und Parteien zur Belebung des Konsums beigetragen haben – oder ob dies wenigstens so scheint. Und obwohl die früher verbreitete Redewendung »Unsere Kinder sollen es einmal besser haben« weitgehend verschwunden ist, so wird nach wie vor erwartet, dass die Möglichkeiten und der Umfang des Konsumierens weiter zunehmen sollen.

Immer noch gilt vielfach der Satz: »Noch mehr ist immer noch nicht genug«. Auch wenn die Wachstumskritik wieder an Fahrt gewinnt, zumindest in den Feuilletons, auch wenn in manchen Bereichen nicht mehr gleich gekauft wird, sondern Dienstleistungen in Anspruch genommen werden – eine Trendwende zeichnet sich da noch nicht ab. Denn derweil dreht sich die Konsumspirale munter weiter. In den westlichen Ländern hat sich beispielsweise die Menge der gekauften Kleidung in den letzten zehn Jahren etwa verdoppelt. Elektronische Geräte, von Computern über Mobiltelefone bis hin zu den immer kleineren mobilen Geräten mit Internetzugang, sind ein weiterer Bereich erheblichen Wachstums. Eines Wachstums, das auch mit einer immer kürzeren Lebensdauer dieser Produkte verbunden ist. Traditionelle Bereiche wie der Automobilmarkt vermelden ebenfalls nach wie vor steigende Verkaufszahlen. Die Geländefahrzeuge SUV (Sport Utility Vehicle) sind ein gutes Beispiel dafür, wie durch einen neuen Produkttyp weltweit eine Konsumwelle losgetreten wurde – unabhängig davon, ob diese Fahrzeuge in ihrer Funktionalität wirklich benötigt werden. Ein anderer Bereich ist der des Tourismus. Seit den 1960er-Jahren hat es hier beeindruckende Zuwachsraten gegeben, insbesondere bei Fernreisen und Kreuzfahrten, aber auch bei den Städtereisen. An die Stelle des mehrwöchigen Jahresurlaubs treten immer häufiger Kurztrips, davon aber mehrere im Jahr. In Zeiten konjunktureller Krisen oder Wachstumsschwächen ist es regelmäßig der deutsche Touristikmarkt, der sich davon am wenigsten beeindrucken lässt.

Die Schattenseiten des Konsums

Diese für die meisten Menschen sehr angenehme Entwicklung hat jedoch Schattenseiten. Zu diesen Schattenseiten gehören – und das führt zum Thema dieses Buches – problematische Folgen für Umwelt, Gesellschaft und künftige Generationen. Produkte müssen hergestellt und transportiert, schließlich auch entsorgt werden. Energie- und Ressourcenverbrauch, Emissionen und Abfälle sind die unvermeidliche Konsequenz. Kürzere Nutzungszeiten, zum Beispiel von Möbeln und Haushaltsgeräten, erhöhen den Materialdurchsatz und verschlechtern die Umweltbilanz. Auch der Verlust an Biodiversität, die Gefährdung kultureller Lebensräume durch die Dominanz des globalisierten Konsums und soziale Probleme gehören zum Problemspektrum. Mit Rohstoffgewinnung, Produktion, Transport und Entsorgung sind vielfach auch soziale Aspekte wie Ausbeutung, unfaire Arbeitsbedingungen, Kinderarbeit und Gesundheitsrisiken verbunden (Dauvergne 2008). Weltweit betrachtet ist der Konsum extrem ungleich verteilt. Nur ein bis zwei Prozent der privaten Konsumausgaben entfällt auf das ärmste Fünftel der Menschheit, jedoch ungefähr 80 Prozent auf das reichste Fünftel in den Industriestaaten.

Diese negativen Aspekte werfen einige Fragen auf: Konsumieren wir einfach viel zu viel? Verhalten wir uns wie Lemminge, die alle brav in Richtung Konsumwachstum wandern, sich dabei wohlfühlen und gar nicht bemerken, dass sie auf einen Abgrund zusteuern?

Konsumverzicht als Lösung?

Radikale Konsumkritiker sehen das so. Die Spirale aus Wirtschaftswachstum und Steigerung des Konsums sei der entscheidende Motor, der erst die großen Umwelt- und Nachhaltigkeitsprobleme erzeugt habe. Mit seinen Annehmlichkeiten und Verlockungen verhindere er, dass diese Probleme ernsthaft angegangen werden. Die quantitative Steigerung des Konsums – verstärkt durch Industrialisierungs- und Modernisierungserfolge in Schwellenländern wie China, Indien, Brasilien und Südafrika, aber auch in wohlhabenden Schichten in vielen Entwicklungsländern – werde alle Anstrengungen zunichtemachen, durch größere Effizienz und Ressourcenproduktivität den ökologischen Fußabdruck des Menschen zu verringern. Nach dieser Diagnose wird sich die Menschheit zu Tode konsumieren. Der Konsum erscheint dabei als Feind, ja als der Feind der Zukunftsverantwortung. Wer den Abgrund vermeiden will, muss zum Asketen werden und Konsum-verzicht üben.

Das ist jedoch zu radikal und zu einfach gedacht. Diese Denkweise ignoriert die positiven Seiten des Konsums im Wirtschaftskreislauf und für die Lebensqualität. Konsum ermöglicht die Befriedigung von Bedürfnissen, ist Aus-druck von Lebensqualität und Medium der Teilhabe am gesellschaftlichen Leben. Gesamtgesellschaftlich führt er zu Wertschöpfung und zur Schaffung von Arbeitsplätzen. Es gibt sowohl positive als auch negative Seiten des Konsums. Je nach Betrachtungsweise, zeigt sich die eine oder andere Seite. Einfache Wahrheiten gibt es nicht.

Nicht weniger, sondern ›anders‹ konsumieren!

Können wir nicht die positiven Aspekte des Konsums erhalten oder gar verstärken und gleichzeitig die negativen abmildern oder ganz vermeiden? Genau hier setzen die Überlegungen zu einem nachhaltigen oder umweltbewuss-ten Konsum an. Das Leitbild der Nachhaltigkeit (Grun-wald/Kopfmüller 2012) nimmt die Verantwortung für zu-künftige Generationen und die natürliche Umwelt ernst. Nach der heute überwiegend akzeptierten Definition be-steht nachhaltige Entwicklung darin, die Bedürfnisse der Gegenwart so zu befriedigen, dass die Chancen künftiger Generationen, ihre eigenen Bedürfnisse zu befriedigen, nicht aufs Spiel gesetzt werden (Hauff 1987).

Es geht also nicht darum, den Konsum einfach herunterzufahren, sondern ihn anders auszugestalten, damit er weniger Umwelt- und Gerechtigkeitsprobleme verursacht. Die große Hoffnung ist die Versöhnung eines weiter wachsenden Konsums mit dem Leitbild der nachhaltigen Entwicklung. Es müsse doch gelingen, den Konsum weiter zu steigern und gleichzeitig den Umweltverbrauch zu verringern. Ernst Ulrich von Weizsäcker formulierte bereits im Jahre 1995 das Ziel: doppelter Wohlstand bei halbiertem Naturverbrauch.

Nun sind es die konsumierenden Menschen, die einkaufen, Auto fahren, Strom verbrauchen und Urlaubsreisen buchen. Sie sind es, die die mit dem Konsum verbundenen Schattenseiten verursachen. Demnach, so die zunächst logisch erscheinende Schlussfolgerung, sollten sie in die Pflicht genommen werden, um Linderung oder Abhilfe zu schaffen. Auf sie richtet sich der Blick, wenn es um die Umstellung auf nachhaltigere Alternativen im Bereich von Mobilität, Nahrungsmittelkonsum oder Urlaubsgewohnheiten geht.

Alles nur Illusion und Wunschdenken?

Nachhaltiger und umweltbewusster Konsum ist absolut notwendig, wenn eine Trendwende erreicht werden soll. Die gegenwärtige Debatte zum nachhaltigen Konsum läuft jedoch – und das ist meine Motivation, dieses Buch zu schreiben – in die falsche Richtung. Sie schiebt den individuellen Konsumenten eine Verantwortung zu, die sie weder tragen wollen noch können. Sie blendet die politische Dimension der Nachhaltigkeit aus. Sie moralisiert und arbeitet mit dem Druck der ›political correctness‹. Sie weckt falsche Erwartungen und hat letztlich den Charakter einer großen Illusion. Till Bastian (2002) formulierte rhetorisch geschickt, fast polemisch:

> *Ich denke aber, dass es nötig ist, sich kritisch mit dieser gigantischen Beruhigungspille, dieser ökologischen Selbstbeschäftigungstherapie auseinanderzusetzen. Nicht um der persönlichen Verantwortungslosigkeit das Wort zu reden, aber es ist wichtig, die Dimensionen korrekt abzustecken, innerhalb derer individuelles Tun und Lassen überhaupt seine Bedeutung hat – und wo es, wenn diese Dimensionen nicht erkannt und veranschlagt werden, zum Selbstbetrug entarten kann.*

Es ist eine gefährliche Illusion und bloßer Selbstbetrug, die Wende zur Nachhaltigkeit allein oder auch nur hauptsächlich von den Konsumenten und vom privaten Umwelthandeln zu erwarten. Ziel dieses Buches ist, diese Illusion zu entlarven und ihr ein Gegenmodell gegenüberzustellen: individuelle Verantwortung ja, vor allem aber als Bürgerin und Bürger im politischen Rahmen.

Gefordert ist nüchterne Analyse, keine Schwärmerei. Andernfalls droht ein Szenario mit Albtraumcharakter. Wir könnten uns nachhaltigkeitsengagierte Konsumenten wie Hamster im Laufrad vorstellen: Emsig sind sie damit beschäftigt, nachhaltige Entwicklung zu befördern und ihre gesamte Lebenswelt und vor allem ihren Konsum darauf abzustellen. Dennoch sind die Bemühungen in Bezug auf reale Beiträge zur Bewältigung der Nachhaltigkeitsprobleme randständig und marginal. Könnte es nicht sein, dass alle diese Laufräder, metaphorisch gesprochen, auf einem riesigen Tanker stehen, der weiter seine Bahn in Richtung Kollaps zieht, völlig unbeeindruckt davon, was in den Laufrädern geschieht? In diesem Fall wäre jede Mühe in den Laufrädern sinnlos. Nachhaltiger Konsum wäre eine Beruhigung des schlechten Gewissens der Konsumenten, die ja durchaus die Nachhaltigkeitsprobleme sehen und ernst nehmen, würde aber an den realen Entwicklungen in Bezug auf die Ausbeutung der natürlichen Ressourcen und die Vermüllung des Planeten nicht wirklich etwas ändern.

Das ist keine angenehme Vorstellung und höchstwahrscheinlich sogar gefährlich. Sie könnte die Motivation, sich für Nachhaltigkeit einzusetzen, negativ beeinflussen. Sie könnte zur Resignation führen und gerade dadurch dazu beitragen, dass mögliche Gestaltungspotenziale in Richtung nachhaltiger Entwicklung erst gar nicht erkannt oder zumindest leichtfertig verspielt werden. Andererseits aber wäre es zynisch, moralisch an nachhaltigen Konsum zu appellieren oder gar moralischen oder politischen Druck in dieser Richtung auszuüben, wenn plausible Befürchtungen bestehen, dass dieses Handeln gar nicht die erhofften positiven Folgen hervorbringen wird.

Letztlich geht es darum, den Kurs des Tankers grundlegend zu ändern. Denn über Nachhaltigkeit zu diskutieren und diese umzusetzen, ist eine wichtige öffentliche Aufgabe, ja eine Aufgabe, die man unter Rückgriff auf die griechische Philosophie als Angelegenheit der *Polis* ansehen muss. Sie verbietet geradezu ein Abschieben auf die Konsumenten. Doch dazu später mehr.

Die Suche
nach dem Schlüssel
zur Nachhaltigkeit

Große Herausforderungen in der Menschheitsgeschichte haben wiederholt Anlass dazu gegeben, von bestimmten gesellschaftlichen Gruppen besonders viel zu erwarten. Klassisch ist hier die revolutionäre Rolle, die Karl Marx dem Proletariat in seiner geschichtsphilosophischen Deutung der Entwicklung des Kapitalismus zuschrieb. Max Horkheimer entwarf den Typus des »kritischen Intellektuellen«, der der Gesellschaft jenseits der bloß instrumentellen Vernunft die »Wahrheit« sagen und Orientierung geben sollte. Und Theodor W. Adorno formulierte in seiner Ästhetik ähnliche Erwartungen an Kunst und Künstler.

Das gibt es auch im Bereich der Nachhaltigkeit. Ein Teil der schon traditionsreichen Debatte zur nachhaltigen Entwicklung kreist genau um die Frage nach den relevanten oder gar den relevantesten Akteuren: Welche gesellschaftlichen Gruppen haben den »Schlüssel zur Nachhaltigkeit«

in der Hand? Wer kann Schritte unternehmen, die andere und wenn möglich die ganze Gesellschaft nach sich ziehen? Wer hält die Fahne hoch, hinter der sich die Gesellschaft im Weg zu einer nachhaltigen Entwicklung versammeln kann?

Die Geschichte der Nachhaltigkeit seit den 1980er-Jahren ist in Bezug auf die Schlüsselakteure gepflastert mit Hoffnungen und Enttäuschungen. War in den 1990er-Jahren, insbesondere nach dem Rio-Gipfel, das Vertrauen in das politische System und seine internationale Handlungsfähigkeit deutlich größer als heute, so dienten in der folgenden Debatte nacheinander die Wirtschaft und die Zivilgesellschaft als Projektionsflächen für hohe Erwartungen. Alle drei Großgruppen enttäuschten diese jedoch. Und so gerieten die Konsumenten mit ihrer Marktmacht in den Blickpunkt des Interesses.

Der Weg über die große Politik

Der Ursprung der weltweiten Nachhaltigkeitsbewegung ist zweifelsohne das politische System auf der globalen Ebene: die Vereinten Nationen. Die mit Abstand bekannteste und folgenreichste aller Nachhaltigkeitsdefinitionen wurde im Jahre 1987 von der UN-Kommission für Umwelt und Entwicklung unter dem Vorsitz der norwegischen Ministerpräsidentin Gro Harlem Brundtland (*Brundtland-Kommission*) erarbeitet. Im Bericht »Unsere gemeinsame Zukunft« (Hauff 1987) heißt es, dass nachhaltige Entwicklung dann realisiert sei, wenn sie »die Bedürfnisse der Gegenwart befriedigt, ohne zu riskieren, dass künftige Generationen ihre eigenen Bedürfnisse nicht befriedigen können«.

Weltweite Bekanntheit und politische Gestaltungskraft gewann die Idee einer nachhaltigen Entwicklung durch die 1992 in Rio de Janeiro abgehaltene und legendär gewordene UN-Konferenz für Umwelt und Entwicklung (UNCED), auch unter dem Begriff *Erdgipfel* bekannt. Folgeaktivitäten wie die *Weltbevölkerungskonferenz* 1994 in Kairo und der *Weltsozialgipfel* 1995 in Kopenhagen und konkretisierende Vereinbarungen wie das Kyoto-Protokoll für die Klimarahmenkonvention führten die Entwicklung themenbezogen weiter. 2002 fand der *Weltgipfel für nachhaltige Entwicklung* in Johannesburg statt, Ende Juni 2012 die »UN Conference on Sustainable Development« (UNCSD) als »Rio+20«-Konferenz in Rio de Janeiro. Es ist unbestritten, dass ohne diesen politischen Prozess die Idee der Nachhaltigkeit niemals so weit vorgedrungen wäre wie dies heute der Fall ist.

Dennoch ist die Bilanz alles andere als glänzend. Die vielfach beklagte Schwäche der Vereinten Nationen, die teils geringe Verbindlichkeit übernationaler Vereinbarungen und die weiterhin starken nationalen Interessen und Egoismen haben die Wirkkraft der politischen Nachhaltigkeitsbemühungen stark begrenzt. Vielfach folgen ambitionierten Zielsetzungen nur unzureichende oder halbherzige Umsetzungsmaßnahmen. So ist beispielsweise die politische Behandlung des Klimawandels ernüchternd. Die jährlichen Klimakonferenzen sind zu Ritualen und massenmedialen Schauspielen geworden: Zunächst werden hohe Erwartungen geweckt, dann wird das komplette Scheitern befürchtet und schließlich gibt es Formelkompromisse und Absichtserklärungen mit geringen Auswirkungen oder ohne Verbindlichkeit. Das jüngste Verhalten Kanadas bringt die Problematik auf den Punkt: Kanada hätte die im Kyoto-Protokoll vereinbarten Ziele bei weitem nicht erreichen können. Damit wäre es zu milliardenschweren Sanktionen gekommen. Um diese zu umgehen, wurde das Kyoto-Protokoll gekündigt. So einfach kann das sein.

Enttäuschungen anderer Art folgten nach der Wahl von Barack Obama zum amerikanischen Präsidenten. Seine Amtsübernahme war vielfach (auch) als Sieg der Nachhaltigkeitsidee gefeiert worden und die Erwartungen an das Ende der bis dato aus europäischer Sicht defensiven bis destruktiven Haltung der USA in Sachen Klima- und Umweltschutz dementsprechend hoch. Doch nach dem Amtseid stellte sich rasch heraus, dass sich so viel gar nicht geändert hatte: Weiterhin dominierten die US-amerikanischen Interessen, vor allem in wirtschaftlicher Hinsicht.

In Deutschland wurde 2001 der Rat für Nachhaltige Entwicklung gegründet und trat 2002 die Nationale Nachhaltigkeitsstrategie in Kraft. Die anfänglich hohe Aufmerksamkeit ist in der Zwischenzeit gewichen. Nachhaltigkeit ist weitgehend Ministerien und Behörden überantwortet, welche mit viel Mühe und Einsatz, aber wenig politischer und öffentlicher Aufmerksamkeit die Nachhaltigkeitsstrategie betreiben.

Gemessen an den ursprünglich hohen Erwartungen an die Politik ist Ernüchterung eingekehrt, national wie global. Zu viele Misserfolge sind zu verbuchen, Fortschritte kaum sichtbar. Hinzu kommt ein Misstrauen in politische Institutionen und Personen. Ihnen wird die Ausrichtung an kurzfristigen Vorteilen, zum Beispiel im Hinblick auf Wahlen, vorgeworfen, während die Idee der Nachhaltigkeit eine über tagespolitische Aktualitäten hinausgehende Langfristorientierung erfordert. Die vielfach beklagte Politikverdrossenheit äußert sich auch darin, dass dem politischen System und seinen Akteuren im Feld der Nachhaltigkeit nur noch wenig zugetraut wird.

Die Wirtschaft als Motor der Nachhaltigkeit?

Von Wirtschaft und Unternehmen zu erwarten, die Entwicklung in Richtung zu mehr Nachhaltigkeit anzuschieben, mag zunächst überraschen, sind Unternehmen doch durch Renditezwänge, Quartalsberichte und Profitorientierung dominiert und tendenziell gerade nicht auf Nachhaltigkeit ausgerichtet. Kurzfristige Erfolge in Bezug auf Gewinn, Umsatz und Marktanteile zählen für die Firmenbewertung grundsätzlich mehr als Langzeitverantwortung. Doch auch Unternehmen wollen auf Dauer bestehen und sind nicht daran interessiert, sich selbst das Wasser abzugraben. Und sie sind abhängig von politischen Rahmenbedingungen sowie von der Gunst der Käufer und Konsumenten. In dem Maße wie seitens der Politik mehr Wert auf Nachhaltigkeit gelegt wird und wie Massenmedien nicht nachhaltige Produktionsweisen wie Umweltprobleme oder untragbare Arbeitsbedingungen aufdecken und skandalisieren, wird Nachhaltigkeit vom Verkaufshindernis zu einem Verkaufsargument. Zumindest müssen negative Schlagzeilen vermieden werden. So hat auch in der Wirtschaft das Leitbild der nachhaltigen Entwicklung ein Stück weit Fuß gefasst. Viele Unternehmen haben entsprechende Strategien und Geschäftsmodelle entwickelt, legen jährliche Nachhaltigkeitsberichte vor und haben sich einem Unternehmensethos der Nachhaltigkeit verpflichtet. An den Aktienmärkten wurde der »Dow Jones Sustainability« eingerichtet, der neben den üblichen ökonomischen auch ökologische und soziale Aspekte berücksichtigt. Vor diesem Hintergrund bestand einige Zeit lang die Erwartung, dass die Wirtschaft sich auf eine »nachhaltige Produktion« einlassen und dadurch zum weltweit zentralen Motor der Nachhaltigkeitsbewegung werden könnte.

Diese Erwartungen haben sich allerdings spätestens seit der Weltwirtschaftskrise 2008 in Luft aufgelöst. Es wurde allzu deutlich, wie wenig nachhaltig das globale System der Finanzmärkte agiert. Der daraus resultierende Vertrauensverlust betraf nicht nur die Banken, sondern das kapitalistische Wirtschaftssystem als Ganzes, wenngleich es – wohl mangels Alternative – keine wirklich große Gegenbewegung gab. Der Occupy-Bewegung, die zeitweise zu einer weltweiten kapitalismuskritischen Bewegung zu werden schien, fehlte ein konstruktives Programm, um größere Anziehungskraft zu entwickeln. Es reicht nicht, gegen die Macht der Banken zu demonstrieren. Die Logik des Wirtschaftssystems steht offensichtlich, dies ist eine der Lehren aus der Wirtschaftskrise, wohl doch in einem stärkeren Gegensatz zu einigen – nicht allen – Grundgedanken der Nachhaltigkeit, als dies zwischenzeitlich angenommen worden war. So gesehen war die Weltwirtschaftskrise eine Art Realitätsschock. Wer heute von der Wirtschaft und den Unternehmen eine große Antriebskraft Richtung nachhaltige Entwicklung erwartet, hat es schwer.

Hoffnungsträger Zivilgesellschaft

Ein weiterer Stern der Hoffnung am Himmel der Nachhaltigkeit ist die sogenannte Zivilgesellschaft. Global arbeitende Nichtregierungsorganisationen wie Greenpeace oder Friends of the Earth betätigen sich als Warner und Mahner. Auf regionaler und lokaler Ebene engagieren sich Bürgerinitiativen und Einzelpersonen. Darüber hinaus gibt es eine große Vielfalt nichtstaatlicher, formeller und informeller Organisationen und Gruppen wie Umwelt-, Verbraucherschutz-, Frauenrechts- oder Menschenrechtsorganisationen, Eine-Welt- und Bürgerinitiativen, Wohlfahrtsverbände, Kirchen und Religionsgemeinschaften. Zumindest einige von ihnen sind auf nationaler wie internationaler Ebene ein nicht mehr wegzudenkender Teil des Regierens geworden. Als Vertreter bestimmter Interessen (zum Beispiel im Umweltschutz, in der Förderung des Handels mit Entwicklungsländern oder in der Bekämpfung von Armut und Hunger) platzieren sie Themen auf der politischen und massenmedialen Agenda, machen Vorschläge für Verbesserungen oder Alternativen und konnten durchaus signifikante Erfolge verbuchen (Grunwald/Kopfmüller 2012). Die Zivilgesellschaft ist im Rahmen einer globalen Weltordnung und im Sinne nachhaltiger Entwicklung unverzichtbar geworden.

Das reicht jedoch nicht aus, um den entscheidenden Schlüssel für nachhaltige Entwicklung in diesem Bereich zu finden. Zivilgesellschaftliche Organisationen haben außerhalb der UN-Ebene kein Mandat in den politischen Entscheidungsprozessen. Vielmehr hängt der Zugang zu politischen Entscheidungen meist vom Wohlwollen des Systems ab. Die Tatsache, dass gerade die Distanz zur Politik eine Quelle der Anerkennung ist, führt in entscheidenden Momenten oft zu geringerem Einfluss. Auch sind zivilgesellschaftliche Akteure meist nicht frei von eigenen Interessen und unmittelbar am Gemeinwohl ausgerichtet. Ihre Positionen und Forderungen sind zunächst *per se* partikulär, demokratisch sind sie nicht legitimiert. Häufig ist unklar, für wen und für wie viele sie sprechen. Gelegentlich wird der Verdacht geäußert, dass sich relativ kleine Minderheiten auf diesem Weg Gehör verschaffen. Damit werden Vertrauen und Anerkennung unterminiert. Dies hat dazu geführt, dass das Misstrauen in politische Institutionen zum Teil auch auf einige zivilgesellschaftliche Akteure übertragen wurde.

Ein Zwischenfazit

Das Gesamtergebnis dieses kurzen Überblicks ist damit ernüchternd: Nach allem, was wir heute sagen können, hat keine der genannten Gruppen den zentralen Schlüssel zur Nachhaltigkeit in der Hand, weder die Politik, die Wirtschaft noch die Zivilgesellschaft. Dennoch, die Suche nach entsprechenden Gruppen und Akteuren geht weiter. Wie eingangs bereits erwähnt, hat sie seit einigen Jahren einen neuen Stern der Hoffnung: den Konsumenten. Der Konsument wird gelegentlich als »schlafender Riese« bezeichnet. Wenn er nur aufwachen und sich seiner Macht bewusst werden würde, könnte er große Dinge in Richtung Nachhaltigkeit bewegen. Um diese Hoffnungen und Erwartungen soll es im nächsten Kapitel gehen.

Konsumenten in die Pflicht genommen

Nun ist der Konsum als solcher bloß eine abstrakte Rechengröße im Rahmen der volkswirtschaftlichen Gesamtrechnung. Abstrakt ist auch der *staatliche* Konsum, das sind diejenigen Staatsausgaben, die keine Investitionen sind. Er kann zwar auf Nachhaltigkeitseffekte hin untersucht werden, bleibt aber dennoch den Lebenswelten der Menschen fern. *Konkret* ist jedoch der private Konsum, um den es im Folgenden gehen soll. Privaten Konsum praktizieren wir alle in unterschiedlichen Formen: indem wir einkaufen, Dienstleistungen in Anspruch nehmen, die Versorgungsinfrastrukturen wie Strom, Wasser und Gas nutzen, Urlaubsreisen tätigen und vieles mehr. Aktivitäten, die uns vertraut sind und die uns meistens täglich begegnen. Über diese Schiene werden wir seit einigen Jahren als Hauptverantwortliche für Nachhaltigkeit angesehen. Könnte nicht die ganze Wirtschaftsweise auf Nachhaltigkeit und Umweltverträglichkeit umgepolt werden, wenn wir alle in diesem Sinne konsumieren würden? Sollten wir nicht unsere Macht als Konsumenten gezielt dazu nutzen (Busse 2006)?

Was ist nachhaltiger Konsum?

Im Kern geht es bei nachhaltigem Konsum um eine Verwendung von Gütern und Dienstleistungen, die den Bedürfnissen heute und künftig lebender Menschen gerecht wird und deren Lebensqualität verbessert, ohne dabei die ökologischen, ökonomischen, sozialen und kulturellen Ressourcen der Gesellschaft substanziell zu beeinträchtigen (Scherhorn/Weber 2002). Der deutsche Rat für Nachhaltige Entwicklung definiert ihn folgendermaßen (RNE 2011):

Nachhaltig konsumieren heißt, bewusst zu konsumieren und sich die ökologischen, sozialen und wirtschaftlichen Aspekte des Konsums bewusst zu machen. Unter welchen Bedingungen wurden beispielsweise die Kleidung oder der neue Computer hergestellt? Sind die Arbeiter angemessen bezahlt worden? Waren sie bei der Produktion schädlichen Stoffen ausgesetzt? Und wie sieht es mit den Umweltauswirkungen der Produkte aus? Welche Produkte von welchem Unternehmen möchte ich mit meinem Einkauf nachfragen? Kaufe ich Lebensmittel im Supermarkt, im Discounter, im Bioladen oder auf dem

Wochenmarkt? Werden die Menschen dort angemessen bezahlt? Wie viel Geld habe ich zur Verfügung und wofür kann ich es ausgeben?

Der weitaus größte Teil der Debatten zum nachhaltigen Konsum in den westlichen Ländern konzentriert sich auf die mit dem Konsum verbundenen *Umweltwirkungen*. Da der heutige Konsum die Anforderungen an Umweltverträglichkeit in der Regel bei Weitem nicht erfüllt, lassen sich zur Reduzierung der mit dem Konsum verbundenen Umweltprobleme zwei wesentliche Strategietypen unterscheiden: entweder weniger oder *anders* konsumieren. Eine Reduzierung des Konsumniveaus, eine reduzierte Nachfrage nach oder eine geringere Nutzung von Produkten würde die damit verbundenen Umweltbelastungen verringern. Im bestehenden Konsum oder sogar bei weiter steigendem Konsum könnte aber auch durch eine ökologische Verbesserung vorhandener oder durch neue Produkte eine Umweltentlastung erreicht werden. Der letztgenannte Ansatz ist der des »nachhaltigen Konsums«. Kein Verzicht auf Konsum, gerne auch weiteres Wachstum, aber bitte umweltfreundlich(er)!

Der Konsum im Blick der großen Politik

Die Geschichte begann in den 1970er/1980er-Jahren mit Begriffen wie »qualitativer« oder »ökologisch verantwortlicher« Konsum und wird seit etwa zehn Jahren unter dem Leitbild des »nachhaltigen Konsums« fortgeführt (Scherhorn/Weber 2002). In der Agenda 21, die auf der Rio-Konferenz 1992 verabschiedet wurde, fand der Konsum in Kapitel 4 einen eigenständigen Platz. Dort heißt es unter anderem:

> *Besondere Aufmerksamkeit gebührt der durch nicht nachhaltige Verbrauchsgewohnheiten und übermäßigen Konsum bedingten Inanspruchnahme natürlicher Ressourcen und der schonenden beziehungsweise effizienten Ressourcennutzung im Einklang mit dem Ziel, ihrer Verknappung soweit wie möglich entgegenzuwirken und Umweltbelastungen zu reduzieren. Während in bestimmten Teilen der Welt übermäßig konsumiert wird, bleiben die Grundbedürfnisse eines großen Teils der Menschheit unbefriedigt ... Eine Veränderung der Verbrauchsgewohnheiten setzt eine aus mehreren Elementen bestehende Strategie voraus, die sich gezielt mit den Fragen des Bedarfs und der Deckung der Grundbedürfnisse der Armen befasst und die dem Abbau, der Verschwendung und der Übernutzung begrenzter Ressourcen im Rahmen des Produktionsprozesses entgegenwirkt.*

Dieser Diagnose folgend, wurden die Staaten (wohlgemerkt: nicht die Konsumenten!) aufgefordert, Anstrengungen zu unternehmen, nichtnachhaltige Konsumgewohnheiten zu erfassen und Strategien für ihre Veränderung zu entwickeln und umzusetzen. Die Konsumenten als einzelne Bürger kommen dabei nur in einer passiven Weise vor. Der Konsum soll sozusagen »von oben« in Richtung Nachhaltigkeit verschoben werden.

Die erste globale Konferenz zu Nachhaltigkeitsaspekten des Konsums fand 2003 in Marrakesch statt. Der »Marrakesch-Prozess« zielt vor allem auf ordnungsrechtliche Maßnahmen wie die Setzung von Grenzwerten und auf Steuerung über den Preis oder andere ökonomische Anreize, um Ressourcenverbrauch, Emissionsausstoß und den Umgang mit Abfällen zu beeinflussen. Indem eine Änderung des Konsums auf diese Weise *durch politische Maßnahmen* erwartet wird, werden hier die Konsumenten nicht direkt angesprochen.

Das Verursacherprinzip schlägt zu

Seit einigen Jahren wird dies ganz anders gesehen. Nicht mehr von politischen Maßnahmen wie Anreizen oder veränderten Rahmenbedingungen für den Konsum wird die »Nachhaltigkeitswende« erwartet, um ein Wort aus dem Energiebereich umzunutzen. Stattdessen wird das Verursacherprinzip sozusagen kurzgeschlossen und die Konsumenten werden direkt und unmittelbar selbst angesprochen. Sie werden seit einigen Jahren mit Erwartungen konfrontiert, *aktiv und von sich aus*, ohne Rücksicht auf die politischen Rahmenbedingungen, ihr Konsumverhalten umzustellen. Könnten nicht die vielen Millionen individueller Konsumenten eine Wende zur Nachhaltigkeit herbeiführen, wenn sie nur ihren Konsum entsprechend ausrichten würden? Stehen sie nicht als Verursacher in der Verantwortung für die Folgen ihres Handelns (Heidbrinck/ Schmidt 2011) und sind sogar zur Abhilfe verpflichtet? Würde nicht die Wirtschaft dann einfach diesem Trend folgen und entsprechend nachhaltigere Produkte anbieten, wenn diese bevorzugt gekauft würden? So heißt es in der Broschüre der Initiative »Pro Klima«: »Wir freuen uns, mit unserem Engagement einen Beitrag zum Klimaschutz leisten zu können – sowohl für die Gegenwart als auch für die Zukunft. Und wir möchten Sie herzlich einladen, uns dabei zu unterstützen. Gemeinsam können wir mehr tun: Jeder Beitrag zählt!«. Der letzte Satz macht deutlich: Es sind die vielen Millionen Einzelhandlungen, die zählen. In ihnen wird die Ursache des Klimawandels gesehen, hier muss die Veränderung beginnen. Ganz ähnlich schreibt der Rat für Nachhaltige Entwicklung:

Tag für Tag tun wir jede Menge Dinge, die mit darüber entscheiden, ob das Klima geschützt, knappe Ressourcen geschont oder Menschenrechte geachtet werden: Das fängt beim morgendlichen Frühstücksei an, geht weiter mit der Wahl des Verkehrsmittels für den Weg zur Arbeit und endet noch lange nicht, wenn wir abends im Katalog blättern, um herauszufinden, welcher neue Kühlschrank in Frage kommt. Konsumentinnen und Konsumenten haben Macht, denn mit ihren

*Konsum- und Lebensgewohnheiten können sie das An-
gebot beeinflussen und ganze Branchen umkrempeln.*

Privates Nachhaltigkeitshandeln richtet den Umgang
mit Konsumartikeln, Umweltgütern und Dienstleistungen
grundsätzlich und umfassend an Nachhaltigkeitskriterien
aus statt an individuellen Interessen oder, wie häufig der
Fall, am Preis als alleinigem Entscheidungskriterium. Der
bekannt gewordene und für das Lebensgefühl einer Generation stehende Werbeslogan »Geiz ist geil« wäre abzulö-
sen durch »Gewissen ist geil« (Ullrich 2007) – mit Nachhaltigkeit als oberstem Konsumkriterium.

Ökologisch konsumieren und handeln soll danach den
gesamten Alltag durchdringen und überall darauf abzie-
len, die Umweltbelastungen zu minimieren. Nun ist das
aber oft gar nicht möglich. Beispielsweise haben die deutschen Konsumenten praktisch keinen Einfluss auf den
Schutz bestimmter bedrohter Tierarten. Und wer beruflich
Fernreisen unternehmen muss, kann die damit verbundenen Treibhausgasemissionen nicht vermeiden. Für diese
Fälle werden *Ersatzhandlungen* angeboten. So wirbt etwa
der World Wildlife Fund (WWF), dass mit einer Spende
von drei Euro die Lebenswelt bedrohter Tierarten geret-
tet werden könne. Von der ökologischen Belastung, die
Flugreisen mit sich bringen, kann man sich durch den
Kauf von Zertifikaten befreien, mit deren Erlös Auffors-
tungsprogramme finanziert werden. Es geht dabei nicht um
eine Änderung des die Umwelt schädigenden Verhaltens

selbst, sondern um eine Kompensation der verursachten Umweltschäden. Das ist auch eine Form des Verursacherprinzips.

Die Nachhaltigkeitsbilanz im Alltag

Eine entscheidende Frage ist, wie Nachhaltigkeit und Umweltverträglichkeit gemessen werden. Schließlich muss der traditionelle mit dem nachhaltigen Konsum vergleichbar sein. Angesichts der Komplexität von Nachhaltigkeit ist dies eine echte Herausforderung (Grunwald/Kopfmüller 2012). Auch wenn hier schwerpunktmäßig nur über *umweltverträglichen* Konsum gesprochen wird, sind der wissenschaftlichen Debatte nach wahrscheinlich hunderte von Indikatoren zu berücksichtigen, um den »ökologischen Fußabdruck« des Konsums im Detail zu erfassen. Das wäre natürlich nicht praktikabel. Es hat sich weitgehend durchgesetzt, den ökologischen Fußabdruck menschlicher Handlungen entweder mit nur einem einzigen Indikator zu messen, nämlich mit dem Kohlendioxidausstoß. Oder einen zweiten hinzuzunehmen: die für eine bestimmte Lebensweise benötigte Fläche. Zwar ist dies ganz klar eine Verengung, da beispielsweise Fragen der Biodiversität, der Bodenerosion und der Verschmutzung der Weltmeere nicht oder höchstens indirekt erfasst werden können. Dennoch erscheint dieser Ansatz für viele Zwecke praktikabler. Der Rat für Nachhaltige Entwicklung gibt den Tipp (RNE 2011):

Am besten verschaffen Sie sich erst einmal einen Über-
blick, wo Sie heute stehen, wie groß Ihr ökologischer
Fußabdruck und wie hoch Ihre persönliche CO_2-Bilanz
in den verschiedenen Lebensbereichen ist. So lässt sich
herausfinden, wo wir am besten ansetzen, unseren
Konsum nachhaltiger zu gestalten. Der ökologische
Fußabdruck gibt an, wie viel Fläche notwendig ist, um
den eigenen Lebensstil zu ermöglichen ... Versuchen
Sie, Ihre CO_2-Emissionen auf zwei Tonnen pro Jahr zu
verringern. Das können Sie am leichtesten erreichen,
wenn Sie unsere Tipps im Bereich Wohnen, Mobilität
und Lebensmittel beherzigen.

Betroffen sind praktisch alle Lebensbereiche, von der
Ernährung bis zur Kleidung, von der Wohnungsausstattung
bis zur Urlaubs- und Freizeitgestaltung, von den Mobi-
litätsgewohnheiten bis zur Unterhaltungselektronik, die
Nutzung von Infrastrukturleistungen wie Strom, Wasser
und Gas und so weiter. Allerdings sind die verschiedenen
Bereiche des Konsums in sehr unterschiedlicher Weise
Verursacher der Umweltprobleme. Der Rat für Nachhaltige Entwicklung macht hier folgende Rechnung auf:
Mobilität macht über 40 Prozent des ökologischen Fuß-
abdrucks aus, Wohnen etwa 30, Lebensmittel etwa 15,
während sich alle anderen Bereich zusammen die verblei-
benden etwa 15 Prozent teilen.

Um die Konsumenten zu unterstützen, hat der Rat
für Nachhaltige Entwicklung einen »Nachhaltigen Waren-

korb« zusammengestellt (RNE 2011). Dieser »differenziert nach häufigen und seltenen Einkäufen und großen, noch selteneren Anschaffungen bzw. Entscheidungen, wie der Kauf eines neuen Autos oder die Geldanlage, und will helfen neue Routinen zu entwickeln«. Auch berücksichtigt er, dass es »in vielen Fällen keine ganz eindeutigen Antworten gibt. Sind zum Beispiel Bio-Lebensmittel aus dem Ausland ökologisch besser als konventionelle aus der Region?« Dem Attribut »Bio« steht hierbei der erhöhte Transportaufwand entgegen. Für solche uneindeutigen Situationen formuliert der Warenkorb einfache Faustregeln zur Orientierung, in diesem Fall: »*Die beste Wahl sind Lebensmittel, die sich durch drei Eigenschaften auf einmal auszeichnen: bio, regional und saisonal. Manchmal ist es gar nicht so einfach, solche Produkte zu finden. Achten Sie dann darauf, dass mindestens einer der drei Aspekte erfüllt ist*«. In ähnlichem Sinne deckt der Rat ein weites Spektrum des Konsums von Lebensmitteln bis zur nachhaltigen Geldanlage ab.

Nachhaltig essen

Lebensmittel dienen zum einen der Befriedigung des Grundbedürfnisses nach Essen und Trinken. Dies kann jedoch auf sehr unterschiedliche Weise geschehen und je nachdem, *wie* wir essen und trinken, kommt es zu großen Unterschieden in der Nachhaltigkeitsbilanz. Das Ernährungsverhalten hat sich in den letzten Jahrzehnten stark verändert. Die Globalisierung der landwirtschaftlichen Produktion ermöglicht, dass in den westlichen Ländern praktisch das ganze Jahr über das gesamte und heute überaus reichhaltige Sortiment an Nahrungsmitteln zur Verfügung steht. Weintrauben im Februar oder Erdbeeren im November? Alles kein Problem mehr. Hinzu kommt, dass Lebensmittel, insbesondere Fleischprodukte, im Großen und Ganzen immer billiger geworden sind.

Was sich zunächst nach ziemlich paradiesischen Verhältnissen anhört, hat jedoch Schattenseiten. Negative Nachhaltigkeitseffekte treten in ganz unterschiedlichen Bereichen auf: Gefährdung landwirtschaftlicher Flächen durch Übernutzung, Verlust an Artenvielfalt durch industriell betriebene Landwirtschaft und Emissionen von Treibhausgasen wie Methan durch Massentierhaltung und Reisanbau sind nur einige der bekannten Folgen. Mit den Transporten sind hoher Energieverbrauch und Treibhausgasemissionen verbunden.

Was können Konsumenten tun? Die Ratschläge sind zahlreich: auf die Herkunft und ökologische Herstellungsweise der Produkte zu achten, möglichst regionale Lebensmittel einzukaufen, den Fleischkonsum zu reduzieren, auf Qualität zu schauen statt auf den niedrigsten Preis, achtsam mit Lebensmitteln umzugehen und dafür zu sorgen, dass möglichst wenig weggeworfen werden muss.

Nachhaltig Urlaub machen

Der *Urlaubsgestaltung* kommt in vielen westlichen Ländern eine hohe Bedeutung zu. An Urlaubsreisen wird in wirtschaftlichen Krisenzeiten zuletzt gespart. Der Tourismus ist zu einem der stärksten Wachstumsmärkte der globalen Wirtschaft geworden. Ganze Volkswirtschaften leben mittlerweile davon, von Regionen und Orten ganz zu schweigen. Dies führt jedoch auch zu Problemen, Konflikten und zu negativen ökologischen, sozialen und kulturellen Folgen. Raubbau an Landschaften und Menschen kann die Folge sein, bis dahin, dass der Tourismus die natürlichen und kulturellen Grundlagen zerstören kann, von denen er selbst lebt. In eine zerstörte Landschaft kommen irgendwann auch die Touristen nicht mehr – sie ziehen weiter und suchen sich neue Urlaubsparadiese.

Der nachhaltige Tourismus will den Erholungswünschen der Touristen und den ökonomischen Interessen der touristischen Regionen Rechnung tragen, ohne die Interessen zukünftiger Generationen zu gefährden. Nachhaltig kann Tourismus sein, wenn nicht nur an kurzfristige Folgen wie wirtschaftlichen Gewinn und Arbeitsplätze gedacht wird, sondern wenn gefragt wird, ob die längerfristigen Folgen für Kultur und Natur mit der Verantwortung für zukünftige Generationen vereinbar sind. Der Alpentourismus ist dafür ein vertrautes Beispiel. Er verändert die Natur- wie Kulturlandschaft – zum Beispiel durch Lifts und Skipisten, durch Feriendörfer, Hotelanlagen und Golfplätze. Ökosysteme werden durch Straßen zerschnitten, die Artenvielfalt leidet. Die Landschaft der Alpen wird zur reinen Kulisse für Spaß und Unterhaltung. Nachhaltigkeit sieht anders aus. Nachhaltige Touristen sollten, so die Empfehlungen, die Angebote genau prüfen und ihre Entscheidungen über Urlaubsart und -ort nicht nur an Preis und erhoffter Leistung, sondern auch an ökologischen Kriterien ausrichten. Hierzu gehören entsprechende Mobilitätskonzepte am Urlaubsort und die Beachtung von Naturschutzbelangen, aber auch der Umgang mit kulturellen Traditionen.

Nachhaltige Mobilität

Die *räumliche Mobilität* war noch nie so groß wie in den modernen westlichen Gesellschaften, zusehends auch den Schwellenländern. Nahezu jeder Ort auf der Erde ist innerhalb relativ kurzer Zeit erreichbar. Die Automobilisierung hat individuelle Freiheiten mit sich gebracht, die früher nicht denkbar gewesen wären. War in früheren Zeiten Mobilität ein Privileg reicher Schichten, so ist sie in den westlichen Ländern mittlerweile breiten Bevölkerungsschichten zugänglich. Und die Billigflieger haben auch den Luftraum demokratisiert. Doch diese für die Lebensqualität an sich sehr erfreuliche Entwicklung hat Schattenseiten: Verbrauch endlicher Ressourcen, vor allem von Erdöl, erhebliche Beiträge zu den Kohlendioxidemissionen, Zerschneidung der Landschaften für Verkehrstrassen sowie Verkehrslärm. Wie kann also der Einzelne in seinem alltäglichen Verhalten zu einer nachhaltigen Mobilität beitragen?

Der Blick richtet sich zunächst auf die Autofahrer (Adler 2011). Oft sitzen sie allein in ihren Fahrzeugen. Autos mit meist mehr als einer Tonne Gewicht transportieren Menschen mit etwa 70 Kilogramm Gewicht. Das ist ein Nutzlastanteil von nur sieben Prozent! Fahrgemeinschaften zum Arbeitsplatz oder auch die gemeinsame Nutzung von Fahrzeugen (Carsharing) würden die Bilanz deutlich verbessern. Wenn der Kauf eines neuen Autos ansteht, könnten die Autofahrer stärker auf Umweltaspekte achten als nur auf Komfort, Leistung, Preis oder Sportlichkeit. Zu hinterfragen wäre auch, ob jede Fahrt wirklich nötig ist, und wenn ja, ob sie mit dem Auto unternommen werden sollte. Gerade für Kurzstrecken kann das Fahrrad eine Alternative sein und in Städten das öffentliche Nahverkehrsnetz. Nachhaltig bedeutet hier, zugunsten von Klima- und Umweltaspekten auf einige persönliche Freiheiten und Annehmlichkeiten zu verzichten.

Strom und Wasser sparen

Im Alltag spielen *Versorgungsinfrastrukturen* eine große Rolle. Wasser, Gas, Treibstoffe und Strom, aber auch Telefon und Internet werden im Rahmen komplexer Infrastrukturen bereitgestellt, ohne die ein Leben in der modernen Gesellschaft kaum vorstellbar ist. Diese Infrastruk-

turgüter sind in praktisch gleicher Qualität sehr zuverläs-
sig rund um die Uhr und relativ preiswert verfügbar. Strom
kommt aus der Streckdose und Benzin aus der Zapfsäule.
Beides scheint nie zu versiegen. Jedoch, man ahnt es bereits:
Hohe Standards führen zur Gewöhnung, ja zur Gering-
schätzung der Güter. Alles, was dauernd und im Über-
fluss verfügbar ist, verliert an Wert und Anerkennung. Ver-
schwendung und Maßlosigkeit drohen.

Ein nachhaltiger Umgang mit diesen Versorgungs-
gütern kann ihren Wert wieder bewusst machen, wie das
Beispiel Wasser zeigt: Im Schnitt verbraucht jeder Deutsche täglich etwa 130 Liter Wasser, davon etwa zwei-
einhalb Liter zum Trinken oder Kochen und rund 90 Liter
in Dusche, Badewanne, WC und Waschmaschine. Tipps
zum Wassersparen sind zahlreich: Man sollte beim Duschen, Händewaschen, Rasieren und Zähneputzen zwi-
schendurch den Hahn zudrehen, tropfende Wasserhähne
und undichte Spülkästen reparieren, WC-Spülkästen mit
Stopptaste ausrüsten und während des Duschens und Ba-
dens sparsam mit dem kostbaren Nass umgehen. Ähnliches gilt für den Energiebereich: Elektrogeräte sollten nicht
im Standby-Betrieb laufen, Licht nicht unnötig brennen.
Beim Kauf von Elektrogeräten wie Wasch- und Spülma-
schinen sollte auf Energie- und Wasserverbrauch geachtet
werden.

Nachhaltigkeit als Lebensstil

Ähnliche Diagnosen, Argumentationsketten und Handlungsempfehlungen gibt es für viele andere Bereiche: für Textilien, Möbel und Einrichtungsgegenstände, für Küchengeräte und Unterhaltungselektronik. Sogar im Bereich der Banken und Versicherungen hält nachhaltiges Denken Einzug. Ökologische Geldanlagen versprechen Rendite wie traditionelle Geldanlagen, legen aber Wert darauf, dass diese Rendite auf eine ökologisch und sozial nachhaltige Weise zustande kommt. Zwar ist dies kein Konsum im eigentlichen Sinne, sondern die Geldvermehrung für späteren Konsum oder zur Absicherung gegenüber Risiken oder als Altersvorsorge, dennoch aber Ausdruck des an Nachhaltigkeit orientierten Lebensgefühls.

Die Erwartung ist, dass der nachhaltige Konsum zum vorherrschenden Konsummuster wird und dadurch für die ganze Gesellschaft eine Vorreiterrolle übernimmt. Diese Gedanken zusammenfassend, wurde der Begriff der LOHAS (Lifestyles of Health and Sustainability) geprägt. Er steht für Lebensstile und Konsumententypen, die durch ihr Konsumverhalten und gezielte Auswahl von Produkten und Dienstleistungen Nachhaltigkeit fördern wollen (Wenzel et al. 2007). LOHAS werden zum Beispiel im »Natur- und Outdoor-Urlauber« oder in regelmäßigen Kunden von Bio-Supermärkten entdeckt, vielfach werden sie in »kulturell-kreativen« Milieus gesichtet. Sie umfassen Personengruppen, die über ein hohes Einkommen verfügen, dabei jedoch bewusst einen im Sinne der Nachhaltigkeit alternativen Lebens- und Konsumstil pflegen. In der Hoffnung, dass sich von ihnen ausgehend der nachhaltige Konsum weiter in die Gesellschaft ausbreiten würde, galten sie als Vorreiter und Trendsetter.

Von Moral, Drohreden und Weltuntergang

Nachhaltiger Konsum muss etliche Widerstände überwinden. Von selbst kommt er nicht. Also muss man – zum Beispiel Wissenschaftler und nachhaltigkeitsengagierte Institutionen – über Maßnahmen und Strategien nachdenken, wie den Konsumenten nachgeholfen werden kann. Dass Informationen und Appelle alleine nicht ausreichen, dass aus Wissen nicht unmittelbar das Handeln folgt, dass Umweltbewusstsein noch kein umweltbewusstes Handeln bedeutet, wissen wir nach Jahrzehnten der Umweltbildung. Aber was dann?

Nachhaltiger Konsum ist zumindest anstrengender als der herkömmliche Konsum, weil mehr Kriterien für Kaufentscheidungen zu beachten sind. Teils ist er teurer, weil zum Beispiel hocheffiziente Elektrogeräte ihren Preis haben. Einschränkungen an Bequemlichkeit könnten erforderlich sein, wenn Strom und Wasser gespart werden. Lieb gewordene Gewohnheiten müssten hinterfragt werden.

In den letzten Jahre wurden viele Ideen hervorgebracht, wie die Konsumenten überzeugt, überredet oder auch überlistet werden sollen. So unterschiedliche Professionen wie Nachhaltigkeitsforscher, Ökonomen, Marketingexperten und Philosophen haben sich hieran beteiligt – entsprechend vielfältig sind die Vorschläge.

Umweltbildung, Information und Appelle reichen nicht

Die nächstliegende Idee ist sicher, die Konsumenten über die Umweltwirkungen ihres Konsums aufzuklären, um durch Wissen und Einsicht zu Verhaltensänderungen zu gelangen. Produktkennzeichnungen und Gütesiegel zu Energieverbrauch, Wasserverbrauch, Herkunftsort, Herstellungsweise oder Inhaltsstoffen sind hier sehr hilfreich. Auch der bereits genannte »Nachhaltige Warenkorb« des Rats für Nachhaltige Entwicklung (RNE 2011) stellt eine derartige Hilfestellung dar.

Vielfach sind nachhaltige Konsumartikel und Dienstleistungen zwar teurer, vor allem im Bereich der Elektrogeräte. Hier hilft gelegentlich das Argument, dass der Anschaffungspreis allein keine vernünftige Entscheidungsgröße sei. Vielmehr müssten die Betriebskosten mitgerechnet werden, und wenn in der Betriebsphase Wasser, Gas oder Strom gespart würden, so könne eine Gesamtbilanz schon anders aussehen.

Zur Umstellung in Richtung auf eine nachhaltigere

Lebensgestaltung hat sich ein ganzer Markt gebildet: Kurse zu Umweltbildung und ökologischer Ernährung, Curricula, Workshops und Bildungsveranstaltungen in Akademien und Bildungswerken, Umweltberatung in Kommunen und Verbänden, eine weit ausgreifende Ratgeberliteratur bis hin zu Öko-Lifestyle-Ratgebern und einschlägigen Internetportalen sowie Ratgeber zu Ökostromtarifen und Materialien für den umweltbewussten Häuslebauer und Heimwerker. Schulen und Universitäten haben Umweltbildung als Aufgabe erkannt.

Bildung, Information und Appelle genügen jedoch nicht, wie die bisherige Geschichte gezeigt hat. Sie erreichen nur einen Teil der Bevölkerung, und bisweilen lassen sich sogar gegenläufige Entwicklungen beobachten. Beispielsweise werden Jugendliche, die heute so stark zu einem ökologischen Bewusstsein erzogen werden wie vermutlich kaum eine Generation vor ihnen, keineswegs immer umweltbewusster. Im Gegenteil zeigen sie seit etwa zehn Jahren sogar weniger Interesse für Umwelt und Nachhaltigkeit, wie Studien beweisen (zum Beispiel UBA 2011).

Vielleicht ist das ähnlich wie beim Zigarettenrauchen: Raucher und Raucherinnen wissen, dass das Rauchen die Lebenserwartung ganz erheblich verkürzen kann, sie lesen auf jeder Zigarettenverpackung die übelsten Drohungen – und rauchen trotzdem weiter, und, wie ich nur vermuten kann, wahrscheinlich mit Genuss. Es gibt genügend Strategien, gegen besseres Wissen zu handeln. Vielleicht denkt man an den Großvater der Nachbarin oder an Altbundeskanzler Helmut Schmidt, die Kettenraucher sind, dennoch bereits weit über 90 Jahre alt und in guter Verfassung. Auch weiß man nicht, ob man im Falle des Rauchverzichtes überhaupt von den statistisch gewonnenen Lebensjahren profitieren würde, denn vielleicht wäre man dann schon an anderen Ursachen gestorben.

Bei umweltbewusstem Konsum ist es nicht viel anders: Der Verzicht auf heutigen Genuss, und sei es dadurch, dass man sich beim Konsumieren komplizierte Gedanken über Ökobilanzen macht statt einfach mit Lust »zu shoppen«, soll ja, so genau die zukunftsethische Argumentation, späteren Generationen zugute kommen. Aber die sind weit weg. Vielleicht finden sie ganz andere Wege, Nachhaltigkeit zu realisieren, als wir uns das vorstellen. Auch kennen wir deren Bedürfnisse ja gar nicht. Vielleicht sind unsere heutigen »Opfer« in Zukunft ganz irrelevant. Zu den psychologischen Hintergründen von Veränderungsbereitschaft gibt es inzwischen viele wissenschaftliche Erkenntnisse (Stengel 2002). Sie zeigen deutlich, wie sehr unser Verhalten von Routinen und Gewohnheiten geprägt ist. Veränderung vollzieht sich viel rascher im Bewusstsein und im Denken als im konkreten Handeln. Es kommt zu dem, was Psychologen ›kognitive Dissonanz‹ nennen (Leggewie/Welzer 2009): Wissen und Handeln befinden sich nicht im Einklang, aus einer Veränderungsbereitschaft folgt noch keine reale Verhaltensänderung.

Was bleibt dann an Möglichkeiten, die Konsumenten trotz dieser Schwierigkeiten zu einem nachhaltigen Konsum zu führen? Wie bekommt man sie dazu, umweltbewusster zu agieren, wenn sie dies vielfach gegen das eigene Wissen einfach nicht tun? Offenkundig müssen härtere Maßnahmen herhalten als nur zu informieren und zu appellieren.

Aus der Not heraus: Ökodiktatur?

Die Vorstellung ist zwar nicht angenehm, aber der schiere Problemdruck könnte Anlass dazu geben, eine bestimmte Form von Gewalt anzuwenden: die *Ökodiktatur*. Herbert Gruhl, einer der Pioniere der Umweltbewegung, sah bereits im Jahr 1975 das demokratische System herausgefordert, wenn nicht überfordert, Umweltschutz zu realisieren. Politiker wollten schließlich wiedergewählt werden und könnten daher nicht gegen den Willen eines Großteils der Bevölkerung, der weiter auf steigenden Konsum und kurzfristigen Genuss setze, Umweltschutzmaßnahmen durchsetzen. Umweltverantwortliche Politiker würden abgestraft, die Demokratie sei aufgrund des Mehrheitsprinzips und der Vier- oder Fünfjahresfristen zwischen den Wahlen nicht in der Lage, Langzeitverantwortung im Umweltschutz zu übernehmen. Seitdem wabert das Wort von der Ökodiktatur durch die Debatten, auch wenn Gruhl selbst sich davon distanziert hat. Dahinter verbirgt sich eine *Notstandsargumentation*: die Umweltprobleme seien ein Notstand, ihre Lösung überlebensnotwendig. In solch extremen Situationen seien auch extreme Mittel zu ihrer Bewältigung erlaubt oder sogar verpflichtend.

Die Diskussion ist vorbei, wenn das Wort und auch die Thematik, ob die Demokratie mit der Umweltkrise umgehen kann, gleichwohl präsent bleiben (Pötter 2010). Aber was bleibt zu tun, wenn Information und Überzeugungsarbeit nicht helfen und eine Diktatur selbstverständlich nicht in Frage kommt? Das können wir in der gesellschaftlichen Wirklichkeit zurzeit in hohem Maße beobachten: Es wird moralisiert.

Der moralische Druck der »political correctness«

Der moralische Druck auf die Konsumenten wächst. Die Massenmedien, insbesondere das Fernsehen und die Boulevardpresse, thematisieren als Lösungsmodelle der Umweltkrise vielfach das individuelle Umwelthandeln und den Konsum. Es ist chic geworden, sich mit umweltbewusstem Handeln zu schmücken, andere danach zu befragen oder Tipps zu geben. Auch die Werbung hat darauf reagiert, jedenfalls in Teilen, und verspricht, dass man mit dem Kauf dieser oder jener Produkte »etwas für die Umwelt tue«.

Moralisierung ist ein generelles Phänomen. Sozialwissenschaftler reden von der Moralisierung der Märkte (Stehr 2007). Danach kaufen Konsumenten verstärkt nach Wertegesichtspunkten ein, unterteilen die Anbieter oder Hersteller in »gute« und »böse«. Produktionsverhältnisse in den Zulieferbetrieben, die häufig in Entwicklungsländern angesiedelt sind, die Abfallentsorgung, die Distanzierung von Kinderarbeit, soziale Verhältnisse in der Arbeitswelt der betreffenden Unternehmen, der Umgang mit der Nachbarschaft an Produktionsstandorten, das Engagement in den dortigen Kommunen – all dies sind Faktoren, die heute das Konsumentenverhalten mitprägen. Moralisierung in Sachen Umwelt und Nachhaltigkeit gehört zu diesem Feld, geht aber durch den Anspruch, Alltag und Lebenswelt zu durchdringen, in ihrer Intensität weit darüber hinaus.

Diese Moralisierung in Massenmedien und Gesellschaft führt zwar nicht zu einer Ökodiktatur in einem politischen Sinn, aber zu einer informellen Diktatur der politischen Korrektheit. Wir haben auch im Alltag angefangen, uns in ökologischen Fragen selbst zu beobachten: Welche CO_2-Bilanz hat mein Frühstück, welche Ökobilanz der nächste Urlaub, welcher Ressourcenverbrauch ist mit meinem Mobilitätsverhalten verbunden? Die Selbstbeobachtung unter ökologischen Aspekten ist in einigen gesellschaftlichen Milieus zum Dauerzustand geworden. Auch die Beobachtung der Anderen in Bezug auf Umwelteffekte beim Essen, in der Freizeitgestaltung, beim Autofahren, in der Wahl der Urlaubsform oder beim alltäglichen Einkauf im Supermarkt ist selbstverständlich geworden, jedenfalls in bestimmten Bildungsschichten.

Begonnen haben damit einmal grün-alternative Außenseiter, vielfach aus dem bildungsbürgerlichen Milieu – damals oft »Öko-Freaks« genannt. Seit etwa zehn bis fünfzehn Jahren jedoch gilt ökologischer Konsum nicht mehr als weltfremd oder fundamentalistisch, sondern als ethisch geboten, anständig und »politisch korrekt«. Politisch korrekt bedeutet, dass es nicht gut ankommt, an diesem Muster zu zweifeln oder es gar bewusst zu ignorieren. Kaum jemand würde heute öffentlich sagen, dass ihm oder ihr die Treibhausgasbilanz einer Fernreise oder der Energieverbrauch des Bügeleisens schlicht egal sei. So etwas »gehört sich nicht«. Im öffentlichen Raum ist über die Moralisierung des Konsums eine Selbstzensur eingetreten.

Eine besonders auffällige Erscheinungsform der Moralisierung sind die »Moralapostel« und die »Missionare« der Nachhaltigkeit: »Besonders schlimm sind die selbst ernannten Öko-Polizisten, die am liebsten die Mülleimer ihrer Nachbarn durchleuchten würden, ob sich dort nicht ein Gramm wiederverwertbares Material finden könnte« (Renn 2002, S. 38). Öko-Fundamentalismus dieser Art ist sicher nur in kleinen Kreisen verbreitet, aber mit der politischen Korrektheit des nachhaltigen Konsums im Rücken selbstbewusst und durchaus sichtbar. Die FAZ schrieb am 16. Mai 2011: »Wer nicht mitzieht, wird diffamiert. Der Porsche-Fahrer, der Fernreisende, der Fleischesser, keiner kann sich mehr sicher sein vor dem öffentlichen Pranger«. Oft ist die Sprache entlarvend. Sie drückt moralische Überzeugungen und gefühlte Überlegenheit aus. Wenn der Psychologe Harald Welzer (2010) die modernen Geländewagen (SUV) als »Kampfwagen gegen das Weltklima« bezeichnet, dann ist das nicht bloß eine Aussage über die Klima(un)verträglichkeit dieser Automobile. Sondern dahinter steht ein Denken, das hinter den Kampfwa-

gen auch »Kämpfer« sieht, Menschen, die gegen das Weltklima kämpfen, also »die Bösen«. Auch dies eine Form von
Moralisierung.

Der angekündigte Weltuntergang

Katastrophen bis hin zum drohenden Weltuntergang an
die Wand zu malen und daraus die Forderung zur Umkehr
abzuleiten, ist in den Massenmedien besonders beliebt.
Alarmismus und Katastrophismus sind die Bezeichnungen
dafür. In dieser Hinsicht immer noch bemerkenswert ist das
Titelbild des Magazins »Der Spiegel« aus dem Jahr 1986:
Es zeigt den im Wasser ertrinkenden Kölner Dom. Die
Gedankenkette »Konsum → Treibhausgase → Klimawandel → Abschmelzen der polaren Eiskappen → dramatischer Anstieg des Meeresspiegels« wurde in ein ein-
ziges Bild gepackt. Die Suggestivkraft mündet in eine
Aufforderung, die aufgrund der Dramatik des Bildes gar
nicht mehr ausgesprochen werden muss: Kehrt um und
macht nicht so weiter wie bisher!

Nicht nur Zukunftsprojektionen, sondern reale Natur-
katastrophen sind häufig Anlass, eine ähnlich suggestive
Gedankenkette zu entwickeln. Bekannte Beispiele sind der
Hurrikan Kathryna, der 2005 New Orleans verwüstete,
Hitzerekorde im Sommer und Kälterekorde im Winter, die
Monsunüberschwemmung 2010 in Pakistan, die Winter-
stürme Lothar und Kyrill in Deutschland, die Oder- und
Elbefluten in den letzten Jahren. Hier lautet die Kette:

»Konsum → Treibhausgase → Klimawandel → extreme Wetterereignisse → apokalyptische Situationen«. Auch in diesen Fällen kommt es zur Suggestion individueller Verantwortungs- und Schuldzurechnung: Ihr Konsumenten tragt mit Verantwortung. Wollt ihr, dass es so weitergeht und dass die Folgen demnächst auch euch oder eure Kinder betreffen?

Alarmismus und Katastrophismus sind wiederkehrende Muster, an die wir uns fast gewöhnt haben. Sie gehören geradezu zum Interieur unserer Medienwelt und der Moralisierung. Bereits 1972 hat der Club of Rome mit seinem berühmten Bericht »Die Grenzen des Wachstums« mit unheilvollen Prophezeiungen operiert und für das Jahr 2000 einen Zusammenbruch der Weltwirtschaft und Kriege um Ressourcen vorhergesagt – natürlich mit der Absicht, aufzurütteln und »zur Umkehr« anzuhalten. Die Rhetorik des Weltuntergangs oder dramatischer Ereignisse schlägt auch durch, wenn immer wieder Kriege um Ressourcen wie Erdöl, seltene Metalle oder Wasser befürchtet werden. Die andere Seite der Medaille ist die Weltrettungsrhetorik. Nach der Veröffentlichung neuer Berechnungen des Weltklimarats IPCC zum Klimawandel titelte die BILD-Zeitung im Frühjahr 2007: »Nur noch 13 Jahre zur Rettung der Welt!« Im Text heißt es dann: »Schafft es die Menschheit nicht bis zum Jahre 2020, den Treibhauseffekt zu stoppen, löscht sie sich selbst aus – unter entsetzlichen Qualen«.

Prophetische Drohreden und Ablasshandel

Das Muster ist kulturgeschichtlich vertraut: Die Drohreden einiger Propheten im Alten Testament kündigen apokalyptisches Unheil für den Fall mangelnder Einsicht und Umkehr an. Bereits in der Genesis müssen die Bewohner von Sodom und Gomorrha dafür büßen, dass sie die Warnungen nicht ernst nehmen. Der Prophet Jeremia beklagt den Werteverfall im Land Juda folgendermaßen: »Sie haben ihre Zunge als ihren Bogen mit Lügen gespannt, und nicht durch Wahrheit sind sie mächtig geworden im Land; denn sie schreiten fort von Bosheit zu Bosheit« (Kap. 9, 1+2). Die bevorstehenden Strafen lesen sich schrecklich und erinnern an die »entsetzlichen Plagen« aus dem obigen Zitat der BILD:

> Sollte ich sie wegen dieser Dinge nicht strafen? spricht der Herr ... Ich will Jerusalem zu einem Steinhaufen machen, zu einer Wohnung für Schakale; und die Städte Judas will ich so wüst machen, dass niemand mehr darin wohnt ... Darum, so spricht der Herr der Heerscharen, der Gott Israels: Siehe, ich will sie, dieses Volk, mit Wermut speisen und sie mit Giftwasser tränken; und ich will sie unter die Heidenvölker zerstreuen, die weder sie noch ihre Väter gekannt haben, und will das Schwert hinter ihnen herschicken, bis ich sie aufgerieben habe.

Claus Leggewie und Harald Welzer vom Kulturwissenschaftlichen Institut Essen sprechen von einem »Katalog biblischer Plagen« als Folgen des Klimawandels (2011, S. 26): Überschwemmungen, Dürreperioden, tropische Wirbelstürme, Epidemien und Pandemien sind daraus nur ein kleiner Ausschnitt. Oder an anderer Stelle heißt es (S. 121): »Wenn sich die Autoproduktion tatsächlich erhöht, wie gegenwärtig prognostiziert, versetzt der Ausstoß von zehn oder mehr Milliarden Tonnen CO_2-Äquivalent pro Jahr dem Planeten den endgültigen Todesstoß«. Das baldige Ende wird verkündet – in der Absicht, zur Umkehr aufzurufen.

Religiös geprägte Sprache findet sich auch in der massenmedialen und öffentlichen Kommunikation: Hier ist von »Umweltsünden« und »Umweltsündern« die Rede. Es wird an die »Opferbereitschaft« der Menschen im Interesse zukünftiger Generationen oder der Umwelt appelliert. Wissenschaftler werden ebenfalls gelegentlich zu »Bußpredigern«. Und die Selbstbefragungen, die Konsumenten ständig im Alltag vornehmen sollen (Renn 2002), erinnern an die Gewissenserforschung im Beichtspiegel.

Verhaltensmuster werden ausgeprägt, die an Ablasshandel erinnern. Beispielsweise kann ein freiwilliger »Ablass« von der »Schuld« einer Fernreise und den dadurch verursachten Treibhausgasemissionen durch den Kauf von Öko-Zertifikaten erworben werden. Also ganz anders als in den prophetischen Drohreden, geht es hier nicht um Umkehr im Sinne veränderten Konsums und Umwelthandelns, sondern um den Erwerb eines ruhigen Gewissens

(Ullrich 2007). So heißt es auch, das Trennen von Müll entlaste von der ökologisch viel sinnvolleren Maßnahme, Müll zu vermeiden (Bastian 2002). Wenn das Luxusauto einige ökologische Finessen aufweist, ist es mit einem ökologischen Gewissen leichter vereinbar. Der Titel eines berühmt gewordenen Essays von Jürgen Dahl lautete bereits 1992: Zwölf Zylinder, schadstoffarm. Hier geht es weniger um die realen Umwelteffekte, sondern um das Gewissen der Verursacher – auch ein erfolgreiches Mittel der Moralisierung.

Der Freiwilligkeit auf die Sprünge helfen

Zwischen Ökodiktatur und völliger Freiheit wird immer wieder nach einem Kompromiss gesucht, der die Verantwortung der Konsumenten ernst nimmt, aber deren »Schwäche« in der realen Umsetzung anerkennt:

Über die Hälfte der Abweichungen von einer nachhaltigen Lebensweise beruhte auf reiner Nachlässigkeit, und ein weiteres Drittel auf Verhaltensweisen, die man ohne große Mühe abstellen konnte, ohne dass es einem eine besondere Pein bereitet hätte. Wenn es bloß gelänge, die Verhaltensweisen zu ändern, die auf Gewohnheiten und unreflektierten Reaktionen auf Reize der Außenwelt beruhen, könnten alle einen erheblichen Beitrag zu einem nachhaltigen Konsum leisten (Renn 2002, S. 37).

Könnte man nicht durch mehr oder weniger trickrei-
che Überlegungen die Konsumenten überzeugen oder auch
überlisten? Das britische Programm nachhaltigen Konsums möchte nachhaltiges Leben einfacher machen (Monk-
house/Dibb 2005). Aufbauend auf Ergebnissen der Konsumforschung zu Hindernissen und Hürden für Verhaltensänderungen, wird ein »4E-Ansatz« vorgeschlagen:
enable, encourage, engage and exemplify. Die Konsumenten sollen »ertüchtigt«, es sollen ihnen die notwen-
digen Verhaltensregeln an die Hand gegeben, Barrieren
abgebaut, Information und Bildung ermöglicht werden.
Durch Gestaltung der Rahmenbedingungen (zum Beispiel
durch Steuern, Anreizsysteme und Anerkennung) sollen
sie »ermuntert werden«, nachhaltig zu leben. Es sollen
Räume für Engagement geschaffen werden, durch Kom-
munikationsplattformen, Medienkampagnen und Netzwerke, und es sollen Positivbeispiele als Leuchttürme
kommuniziert werden. Keine der Maßnahmen ist für sich
genommen neu, aber der Mehrwert wird von der Kombi-
nation erwartet.

Etwas weiter geht noch der »libertäre Paternalismus«
(Thaler/Sunstein 2003), der den Konsumenten helfen will,
die Entscheidungen zu treffen, die sie »eigentlich« treffen
wollen, woran sie aber durch äußere oder innere Zwänge
und Bequemlichkeiten gehindert werden. Ausgangspunkt
ist die verhaltenspsychologische Beobachtung, dass Konsumenten zahlreichen Einflüssen ausgesetzt sind. Hierzu
gehören Gewohnheiten, Trägheiten, die Anordnung der

Waren im Supermarkt, die Schlagzeilen über mögliche Risiken in den Massenmedien, die Aufmachung der Waren und vieles andere mehr. Nicht so sehr vernunftbestimmte Überlegungen, sondern die kleinen Dinge des Alltags dominierten danach das Konsumverhalten. Auf der Basis verhaltenspsychologischer Konsumforschung sollte es also darum gehen, die Konsumenten durch geschickte Arrangements und sanften Druck zu den »richtigen« Entscheidungen zu bringen. Ludger Heidbrinck und Johannes Reidel (2011) formulieren dies so:

> *Der Grundgedanke dieser politischen Philosophie besteht darin, dass das Entscheidungsverhalten von Menschen systematisch verzerrt ist und sie daher in ihren Alltagssituationen durch die förderliche Gestaltung ihrer Handlungskontexte darin unterstützt werden sollten, die Entscheidungen zu treffen, die sie eigentlich treffen wollen.*

Die Autoren beziehen dies folgendermaßen auf Nachhaltigkeit: »Alltagssituationen sind so zu gestalten, dass sie Konsumenten in ihrem Bedürfnis nach mehr Nachhaltigkeit 1. Wege erleichtern (Hindernisse abbauen), 2. Abwege erschweren (Barrieren errichten) und 3. neue Wege ermöglichen (Entwicklung von Innovationen)«. Beispielsweise sollten danach nachhaltige Lebensmittel im Supermarkt möglichst an den Stellen angeboten werden, an denen die Kunden am häufigsten zugreifen, statt an schlecht zugänglichen und wenig attraktiven Standorten. Steckdosen sollten mit Ein- und Ausschaltern versehen werden, elektrische Geräte sollten Standardeinstellungen haben, die unter Energie- und Umweltaspekten optimiert sind, Wasserhähne den Gebrauch kalten Wasser gegenüber heißem bevorzugen und vieles mehr. Insofern Technik dabei eine Rolle spielt, hat man im Englischen den schönen Begriff »persuasive technologies« geprägt: Technik soll die Menschen »sanft« zu mehr Nachhaltigkeit anhalten.

Den Protagonisten ist die Problematik durchaus bewusst: Trotz aller Bekenntnisse zur Freiheit der Konsumenten, sich auch gegen die paternalistisch bevorzugten Handlungsweisen zu entscheiden, könnte es zu einer antidemokratischen und bevormundenden Grundhaltung kommen. Mit dem Hinweis darauf, dass dieses Risiko geringer sei als das Risiko, durch eine ungebremste Fortsetzung des Konsumwachstums in unkontrollierbare Probleme hinsichtlich der Ressourcen- und Umweltbilanz hineinzugeraten, würden sie es in Kauf nehmen. Das ist eine schwache Variante der Notstandsargumentation.

Der Druck wächst

Der moralische Druck auf die Konsumenten wächst. Der Wirtschaftswissenschaftler Carl Christian von Weizsäcker befürchtet, sicher in beabsichtigter polemischer Überspitzung, geradezu eine Art informeller Ökodiktatur

(2005). Zwar gebe es keine formale Diktatur, aber doch eine weniger greifbare Diktatur der politischen Korrektheit.

Der Kern der Begründung, dass der Druck berechtigt sei, wird in der Regel in der objektiven Bedrohung der natürlichen Ressourcen und der Umwelt durch ausuferndem Konsum gesehen. Immerhin macht der private Konsum mehr als 50 Prozent des Bruttoinlandsprodukts aus. Entsprechend ist sein Anteil an der Umweltbelastung nicht gerade gering. Konsum und Konsumenten dienen jedoch nur bisweilen als Feindbild. Harald Welzer argumentiert in seinem glänzend geschriebenen Essay »Empört Euch – über Euch selbst«, dass Konsumenten nicht blind oder gar konsumbesessen sind, sondern durchaus willig, nachhaltiger zu konsumieren. Aber es wären die Umstände des Lebens, die sie davon abhielten – also müsse man an den Umständen etwas verändern. Wie dies geschehen kann, wird uns noch beschäftigen.

An der objektiven Notwendigkeit eines deutlich nachhaltigeren Konsums zweifle ich ebenfalls nicht. Ich zweifle vielmehr daran, ob der moralische Druck das richtige Mittel ist. Ja mehr noch, ob die Übertragung von einer so weitgehenden Verantwortung an die Konsumenten und die damit verbundenen Erwartungen überhaupt berechtigt sind. Viele Argumente sprechen dagegen – darum geht es im nächsten Kapitel.

Ökologisch korrekter Konsum wird die Welt nicht retten

Wie wir gesehen haben, sind die Erwartungen an den nachhaltigen Konsum und die Konsumenten immens hoch. Sie sollen die »Beipackzettel« von Konsumartikeln sorgfältig studieren und ökologisch korrekt einkaufen, sie sollen ihr tägliches Umweltverhalten kritisch durchleuchten und auf eine ökologische Lebensweise umstellen. Unterstützt oder gedrängt dazu werden sie von Massenmedien, von Ratgeberliteratur und Bildungseinrichtungen. Wie sieht aber die Realität aus? Sind die hohen Erwartungen zu erfüllen?

Hat der nachhaltige Konsum messbaren Erfolg?

Man kann nicht sagen, dass es überhaupt keine Erfolge gäbe. In Deutschland und einigen anderen westlichen Ländern hat der nachhaltige Konsum in den letzten Jahren deutlich zugenommen. Beispielsweise haben Lebensmittel mit Öko-Siegeln und aus regionaler Produktion einen größeren Konsumentenkreis gefunden. Dazu hat sicher beigetragen, dass sie mittlerweile auch in den Ketten der Lebensmittel-Discounter angeboten werden. Die Sensibilität gegenüber dem eigenen Konsumverhalten ist auch in den bildungsferneren Schichten gewachsen.

Dennoch ist davon auszugehen, dass je nach Bereich nur etwa zehn bis 20 Prozent des Konsums unter Beachtung von Nachhaltigkeitsüberlegungen erfolgt. Beispielsweise liegt der Konsum von Öko-Lebensmitteln in Österreich bei etwa 13 bis 15 Prozent am gesamten Lebensmittelkonsum. Obwohl dies als beachtlicher Erfolg bewertet wird – was es angesichts einer erheblichen Steigerung seit zirka zehn Jahren auch ist –, so bleibt es dennoch dabei, dass rund 85 Prozent des Konsums nach anderen Präferenzen erfolgen. Die eindimensionale Orientierung am Preis der Lebensmittel, die allzu oft Nachhaltigkeitszielen zuwiderläuft, wurde nicht grundlegend durchbrochen.

Auch die ganz erheblichen Bemühungen in Umweltbildung und Umweltkommunikation, die doch immerhin schon seit zwei bis drei Jahrzehnten laufen, haben bislang nicht den Durchbruch gebracht. Obwohl viele Menschen heute einiges über Umwelt und Nachhaltigkeit wissen, folgt daraus nicht unbedingt eine Änderung des Verhaltens. Auch wer meint, dass man »eigentlich« weniger Auto fahren sollte, fährt allzu oft mit seinem Auto zum Kiosk um die Ecke. Die vielbeschworene Lücke zwischen Wissen und Handeln bleibt bestehen (Reisch/Hagen 2011). Dass es Konsumwachstum ohne mehr Umweltbelastung gegeben habe, oder sogar mehr Konsum mit weniger Umweltverbrauch, ist jedenfalls nicht zu beobachten gewesen, sondern bleibt nach wie vor eine Hoffnung.

Das Mobilisierungsproblem

Konsumenten entscheiden üblicherweise individuell und nicht koordiniert. Individuelle Wünsche, Vorlieben, Bedürfnisse und Möglichkeiten bestimmen ihre Kaufentscheidungen. Wenn jedoch über den Konsum die nachhaltige Entwicklung befördert werden soll, muss sich das Konsumverhalten ein Stück weit an einer übergeordneten Idee orientieren. Es muss kollektiv, das heißt mit einer gewissen »Schwarmintelligenz« funktionieren. Nur als Massenphänomen kann nachhaltiger Konsum den Erwartungen entsprechen. Wie sollen aber individuelle Konsumenten auf das gemeinsame Ziel »Nachhaltigkeit« eingeschworen werden? Schließlich ist die Konsumentensouveränität ein hohes Gut, an das sich in den reichen Ländern alle gewöhnt haben. Und der Trend geht seit Jahrzehnten hin zu mehr Individualisierung, also genau in die entgegengesetzte Richtung.

Die kollektive Mobilisierung von Individuen gelingt nur in seltenen, zumeist medienwirksamen Fällen. Beispielsweise haben die Mobilisierung von Autofahrern und der Kundenboykott gegen Shell verhindert, dass die Ölbohrplattform Brent Spa in der Nordsee versenkt wurde.

Es erscheint aber ausgesprochen unwahrscheinlich, etwas Ähnliches für die abstrakten Ideen »Nachhaltigkeit« oder »Umweltverantwortung« zu erreichen. Auch wenn die Massenmedien sich an der Moralisierung des Konsums kräftig beteiligen, wie wir oben gesehen haben, fehlt das mobilisierende und aufrüttelnde Moment, das jenseits ganz konkreter Aktionen und Kampagnen real etwas bewirkt. Konsumenten sind eine heterogene Menge von Individuen mit unterschiedlichsten Präferenzen; sie lassen sich höchstens in Ausnahmefällen hinter einer gemeinsamen Idee versammeln. Die überbordende Moralisierung könnte geradezu ein geheimes Eingeständnis sein, dass die individuellen Konsumenten mit »normalen Mitteln« kaum zu einem nachhaltigen Verbraucherverhalten gebracht werden können.

Ein Beispiel dafür sind die Energiesparlampen. Obwohl es hierbei nicht nur um umweltverträglichere, weil weniger Energie verbrauchende Beleuchtung geht, sondern darüber hinaus sogar Vorteile für den Verbraucher auf der Hand liegen – Energieersparnis und eine geringere Stromrechung – musste das politische System eingreifen. Am Markt, das heißt über das Kaufverhalten der Konsumenten, konnten sie sich nicht von selbst durchsetzen, obwohl keine Änderung des Lebensstils oder der alltäglichen Gewohnheiten notwendig war.

Der Blick auf die Welt macht außerdem deutlich, dass sich der nachhaltige Konsum trotz aller Fortschritte auf eher bildungsbürgerliche Schichten in einigen westlichen

Ländern beschränkt. Für die Nachhaltigkeit kommt es aber auf die globale Bilanz an. Die nachholende Industrialisierung in Schwellenländern wie China, Indien, Brasilien und Südafrika führt zu rasch anwachsendem Konsum, der ohne viel Rücksicht auf Umwelt und Nachhaltigkeit genossen wird. Es ist den breiten Schichten in diesen und mittlerweile auch vielen weiteren Ländern nicht zu verdenken, dass sie sich im Ausleben der neuen Möglichkeiten am westlichen, vorwiegend am amerikanischen Vorbild, orientieren. Sie wollen sich ihren nach langen Entbehrungen gewonnenen Wohlstand nicht durch moralisierende Nachhaltigkeitsapostel vermiesen lassen. Um einen Durchbruch in Richtung Nachhaltigkeit zu erzwingen, müssten die Konsumenten weltweit mitspielen – hierfür gibt es aber keinerlei Anzeichen.

Der Alltagstrott

Die Mobilisierung von Millionen Konsumenten, ja es müssten eigentlich sogar Milliarden sein, scheitert auch an ganz banalen Dingen. Denn umweltbewusst zu konsumieren ist anstrengend. Diese Anstrengungen müssen den Wettbewerb mit vielen anderen Anstrengungen des Lebens gewinnen. Ein Beispiel dafür ist der Einkauf im Supermarkt. Die Vielfalt der Angebote ist erdrückend geworden und verlangt dem Kunden ein hohes Maß an Entscheidungsbereitschaft ab. Und wer prüft schon jeden Artikel auf Ökologie und Nachhaltigkeit, wenn die Zeit drängt, wenn das Kind quengelt und zuhause oder im Büro die Arbeitet wartet?

Jedem ergeht es so oder ähnlich – das ist die banale aber wirkmächtige Realität, in der sich die Appelle und auch die Drohreden zum umweltbewussten Konsum Gehör verschaffen müssen. Sie werden keinen durchschlagenden Erfolg haben.

Überforderung der Konsumenten

Trägheit, Gewohnheit, alltägliche banale Hindernisse, Fixierung allein auf den Preis von Waren statt auf die komplexe Nachhaltigkeitsbilanz – auch wenn all diese Hindernisse beseitigt wären, hätte der nachhaltige Konsum ernsthafte Schwierigkeiten. Wie sollen Konsumenten im Supermarkt oder im Internetkatalog eine umweltorientierte Entscheidung überhaupt treffen können? Woher wissen sie, was nachhaltiger als etwas anderes ist? Berüchtigt sind die endlosen Debatten, ob nun Mehrweg- oder Einwegverpackungen für Getränke umweltverträglicher sind. Die Antwort ist symptomatisch: Es kommt darauf an. Zum Beispiel auf die verwendeten Materialien, wie oft Mehrwegflaschen wiederverwendet werden können, wie die Reinigung vorgenommen wird, welche Transporte anfallen und wie diese bewältigt werden. Antworten auf Nachhaltigkeitsfragen sind fast nie einfache Antworten. Oft sind sich nicht einmal die Experten einig.

Das liegt zu einem guten Teil daran, dass für die Bewertung der Umweltverträglichkeit oder Nachhaltigkeit von Produkten, Systemen oder Dienstleistungen der ganze Lebenszyklus betrachtet werden muss: Die verwendeten Materialien müssen bis zu den Rohstoffquellen zurückverfolgt werden, alle Produktions- und Transportprozesse sind zu berücksichtigen, die Nutzungsphase mit allen Umweltauswirkungen, schließlich die Entsorgung. Die Umweltbilanz ergibt sich erst aus der Summe der Umwelteffekte über alle Lebensphasen hinweg. Aber das ist noch nicht alles. Die Umweltbilanz muss sodann auf die Umweltverträglichkeit hin bewertet werden. Dabei müssen oft widersprüchliche Kriterien und Ziele gegeneinander abgewogen werden. Dem Konsumenten steht dieses Wissen in der Regel nicht zur Verfügung. Und es ist nicht zu erkennen, wie der Konsument mit dieser Komplexität adäquat umgehen soll.

Der übliche Ausweg ist, entsprechende wissenschaftliche Untersuchungen durchzuführen und ihre Ergebnisse auf dem »Beipackzettel« als Information über die Umwelteigenschaften des Produkts zu vermerken, häufig in Form von Gütesiegeln. Wenn auch dies zwar die strukturelle Überforderung des Konsumenten ein Stück weit reduzieren würde, stellen sich jedoch zwei Probleme. Zum einen hat der Verbraucher keine Möglichkeit zu kontrollieren, ob und inwieweit die Gütesiegel ein »wirklich« umweltfreundliches Produkt bezeichnen. Er ist auf Vertrauen in die Kontrolle und Überwachung der Kennzeichnungen angewiesen – also auf die Politik! –, welches aber immer wieder durch Skandale erschüttert wird. Zum anderen zeigen empirische Analysen, dass die Kennzeichnungen nur von einem kleinen Teil der Konsumenten wahrgenommen bzw. im Kaufverhalten berücksichtigt werden. Üblicherweise sind dies etwa fünf bis zehn Prozent der Konsumenten. Größer ist die Zahl nur bei den selteneren Großanschaffungen wie Automobilen oder Elektrogroßgeräten.

Undurchsichtige Systemeffekte

Einfacher scheint es mit Verhaltensweisen zu sein, die *auf Anhieb und zwar unmittelbar* eine Entlastung der Umwelt versprechen. Dazu gehören vor allem die direkte Einsparung von Strom, Gas oder Wasser sowie die Mülltrennung. Jede eingesparte Kilowattstunde impliziere einen entsprechend geringeren Einsatz von Primärressourcen wie zum Beispiel Braunkohle und damit auch entsprechend geringere Umweltbelastung durch Emissionen.

Aber auch diese scheinbar so selbstverständliche Erwartung ist trügerisch. Sie setzt voraus, dass ökologische »Umkehr« wirklich *direkt und unmittelbar* dieser natürlichen Umwelt zugute komme. Dabei wird jedoch nicht gesehen, dass zwischen dem individuellen Handeln und seinen Folgen für die Umwelt gesellschaftliche Zwischenebenen liegen, die die gewünschten Folgen individuellen Umwelthandelns verändern oder gar konterkarieren können (Grunwald 2010).

Ein bekanntes Beispiel ist das Einsparen von Wasser, von dem vielfach angenommen wird, dass es zur Lösung der Wasserprobleme und zur Entlastung der Umwelt beitrage. Stattdessen führt jedoch eine Verringerung des Wasserverbrauchs – die in vielen Gegenden durch demografischen Wandel, also sinkende Bevölkerungszahlen verstärkt wird – zu Problemen für die Ver- und Entsorgungssysteme. Diese sind auf eine bestimmte Durchflussmenge ausgelegt. Wenn sie unterschritten wird, muss sie entweder künstlich erhöht werden oder es treten Schäden am Leitungssystem auf, welche dem erhofften Umweltentlastungseffekt zuwiderlaufen. Wassersparen kann also schädlich sein. Außerdem dient es keineswegs der Lösung des Wasserproblems, denn Deutschland hat keines. Und die Weltregionen, die davon betroffen sind, haben nichts davon, dass in Deutschland Wasser gespart wird. Eine schlechte Bilanz, obwohl sich »Wasser sparen« so schön ökologisch anhört.

Ein anderes Beispiel ist das Stromsparen. Eine Verringerung des Stromverbrauchs bei privaten Verbrauchern führt keineswegs *automatisch* zu einer Verringerung der CO_2-Emissionen und zu mehr Nachhaltigkeit. Der komplexe Handel mit Strom, der mittlerweile auch an den Börsen stattfindet, kann diesen Effekt zunichtemachen. Oder, falls einmal der private Stromverbrauch auch im Zertifikathandel erfasst würde, könnten freiwerdende Emissionsrechte von anderen Emittenten, zum Beispiel aus der Stahl- oder Aluminiumproduktion, genutzt werden, um entsprechend mehr zu emittieren (Geden 2009). Privates Stromsparen würde in diesem Szenario zwar die individuelle Stromrechung entlasten, nicht aber die Umwelt.

Systemeffekte können auch in anderer Hinsicht auftreten: Wenn bestimmte Urlaubsländer in großem Stil gemieden werden, könnte dies zum Zusammenbruch der dortigen Wirtschaft und zu erheblichen sozialen Probleme führen. Oder ein Boykott bestimmter überfischter Fischarten kann gerade dazu führen, dass diese Fischart dann noch stärker befischt wird. Die Fischer denken wirtschaftlich und müssen aufgrund des dem Boykott folgenden Preisverfalls immer mehr fischen.

Zielkonflikte und mögliche paradoxe Effekte gehören leider zum komplexen Geschäft der Nachhaltigkeit und machen einfache Antworten unmöglich. Allzu leicht wird übersehen, dass möglicherweise das individuelle Handeln ganz andere Folgen hat als die erwünschten.

Umgekehrt sind viele Systemeffekte, über die erhebliche Einsparungen möglich wären, für Konsumenten nicht auf den ersten Blick sichtbar. Um Wasser zu sparen, wäre es beispielsweise sinnvoller, weniger Fleisch zu essen als weniger zu duschen. Denn Tierhaltung und Fleischproduktion verbrauchen große Mengen an Wasser – nicht selten in Regionen, in denen Wassermangel ein erhebliches Problem darstellt.

Insgesamt ist die Verantwortungszuschreibung an die Verbraucher deswegen eine unzulässige Vereinfachung. Es wird suggeriert, dass die Konsumenten durch ökologisch motivierte und gut gemeinte Verhaltensweisen die Umwelt entlasten könnten. Das kann im Einzelfall gelingen, muss es aber keinesfalls.

Bumerang- und Reboundeffekte

Viele Konsumartikel werben mittlerweile mit verbesserter Effizienz, geringerem Stromverbrauch bei gleicher oder höherer Leistung, Autos mit weniger Benzin- oder Dieselverbrauch, Spül- und Waschmaschinen mit weniger Wasserbedarf. Sie appellieren an die Konsumenten: Wenn ihr mich kauft und nutzt, wird das die Umwelt entlasten. Leider ist auch dieser scheinbar so plausible Satz nicht die ganze Wahrheit. Denn Effizienzgewinne können durch Veränderungen der Konsumgewohnheiten und der Kundenansprüche kompensiert oder sogar überkompensiert werden. Man nennt dies ›Rebound‹- oder Bumerang-Effekt: Statt Ressourcenverbrauch und Umweltbelastung zu senken, werden Effizienzgewinne häufig durch mehr Komfort oder höhere Leistung aufgefressen.

Ein bekanntes Beispiel dafür sind Automobile. Die Effizienzgewinne im Motorenbereich sind beträchtlich, auch der Leichtbau hat dazu beigetragen, den Verbrauch zu senken. Betrachtet man diesen pro Kilometer Fahrleistung, so sieht man den Fortschritt. Konsumenten haben dazu durch ihre Bereitschaft beigetragen, den technischen Fortschritt in ihren Kaufentscheidungen mit zu berücksichtigen. Aber was wurde wirklich gewonnen? Autos sind trotz Leichtbau schwerer denn je, vollgepackt mit Elektronik und zusätzlichen Ausstattungsmerkmalen, stärkeren Motoren und Klimaanlagen. Die SUV haben an Zahl deutlich zugenommen. Effizienzgewinne – den Ingenieuren sei Dank – kommen keineswegs direkt der Umwelt zugute, sondern werden durch mehr Komfort und Leistung kompensiert. Allerdings: Wie sähe die Umweltbilanz des Autoverkehrs heute aus, wenn es diese Effizienzsteigerungen nicht gegeben hätte?

Was dies für den Konsum bedeutet ist klar: Nicht das Kaufen umweltverträglicher Produkte alleine entscheidet über mehr Nachhaltigkeit, sondern auch die Art und Weise, wie diese genutzt werden und den Lebensstandard verändern. Die besten Leistungen der Ingenieure, die Ressourcen- und Emissionsbilanz von technischen Produkten zu verbessern, verpuffen wirkungslos, wenn durch wachsenden Konsum und neue Ansprüche die Gesamtumweltbilanz dann doch nicht besser, vielleicht sogar noch schlechter wird.

Modewellen und Schwankungen im Konsumverhalten

Nachhaltigkeit ist eine langfristige Aufgabe. Das Konsumverhalten jedoch ist ausgesprochen kurzlebig, zeitgeist- und modeabhängig. Trends und Entwicklungen kommen und gehen. Teils werden sie gemacht – geplant von Marketingexperten und Werbeagenturen –, teils entwickeln sie sich einfach, genauso wie Wertvorstellungen und Lebensstile. War beispielsweise der Slogan »Jute statt Plastik« in der Folge der neuen sozialen Bewegungen in den 1980er-Jahren für eine ganze Generation prägend, so ist Plastik seit einiger Zeit kein Thema mehr, sondern wieder »chic« geworden. Entsprechende Wellen gibt es in Bezug auf Materialien für Kleidung, in Bezug auf Autos und im Bereich der Wohnungseinrichtung. Die Konsumgesellschaft lebt zu einem guten Teil von diesem Kommen und Gehen von Moden. Ökonomisch hat dieser Mechanismus seinen Sinn, und die Werbung tut ihr Bestes, um die Zyklen kurzlebig zu halten.

Gelegentlich bewirken dramatische Einzelereignisse Änderungen im Konsumverhalten. Beispielsweise hat die Atomkatastrophe von Tschernobyl ein höheres Bewusstsein für den Wert von Energie bewirkt – allerdings nur für kurze Zeit. Nach überstandener Katastrophe bzw. nach dem Abflauen der Medienmeldungen kehrt die Alltagsroutine rasch zurück (Reisch/Hagen 2011). Verhaltens- und Bewusstseinsänderungen verpuffen relativ rasch. Mit zunehmendem zeitlichem Abstand von der Atomkatastrophe in Fukushima nimmt ihre Präsenz in der öffentlichen Wahrnehmung ab, vermutlich auch ihre Bedeutung in der Energiedebatte. Das kennen wir auch von den regelmäßig auftretenden Lebensmittelskandalen, die kurzzeitig die Gewohnheiten verändern, aber auch bald wieder vergessen sind.

In einem solchen System eine stabile Orientierung der Konsumenten an Grundsätzen nachhaltiger Entwicklung zu erwarten, erscheint zumindest mutig. Natürlich ist es nicht ausgeschlossen. Denn auch im Rahmen ökologisch sinnvoller Kleidung, Sportarten oder Einrichtungsgegenstände kann es Modewellen geben: Die Nachhaltigkeit als solche bestimmt ja nicht vollständig das Design von Produkten, sondern betrifft zumeist Produkteigenschaften, die man den Produkten gar nicht ansieht wie etwa die Lebenszyklusbilanz. Dennoch, sich die Orientierung an Nachhaltigkeit als stabile Größe in den Modewellen des Konsums vorzustellen, fällt zumindest nicht leicht. Und selbst wenn dies zu einem bestimmten Zeitpunkt einmal gelänge – würde es die nächste Generation nicht dann doch wieder ganz anders machen? Die Abgrenzung der jüngeren Generation von dominanten Lebensweisen der Älteren und die Lust am Neuen bis hin zum Tabubruch dürften verhindern, dass eine generationenübergreifend stabile Orientierung an Nachhaltigkeit auf dem Wege des Konsums einziehen kann.

Trittbrettfahrer und Profiteure

Die Freiwilligkeit des nachhaltigen Konsums eröffnet auch Freiräume für Trittbrettfahrer. Wenn sich beispielsweise viele Menschen einer nachhaltigen Mobilität verschreiben, ihre Autos entsprechend nutzen, Verkehr vermeiden oder auf nachhaltigere Verkehrsmittel umsteigen – dann wird die Bahn frei für Konsumenten, die sich nicht um Nachhaltigkeit scheren. Ihnen können herablassende oder anklagende Blicke nichts anhaben, wenn sie stolz ihre PS-Protze fahren. Wenn sich ihre Zahl in Grenzen hält, würden sie in der Nachhaltigkeitsbilanz nicht weiter auffallen. Einige könnten gut leben und ihren Spaß haben – auf Kosten der anderen und ohne jeden Gedanken an Nachhaltigkeit, Umwelt und zukünftige Generationen. Formal würden sie sich nicht einmal etwas zuschulden kommen lassen, denn der nachhaltige Konsum bleibt dem eigenen Anspruch nach freiwillig.

Moralisch führt dies zu einem Gerechtigkeitsproblem: Die einen stellen sorgsame Überlegungen an, stimmen ihr Verhalten auf umweltgerechte Produkte und Dienstleistungen ab und mühen sich redlich. Die anderen nutzen die dadurch entstehenden Freiräume gnadenlos aus. Rechtlich wäre das zwar kein Problem. Wozu dieses Trittbrettfahrertum aber dennoch führen könnte, ist schwer zu sagen. Das nachhaltige Verhalten könnte angesichts der Profiteure »langweilig« wirken. Die Trittbrettfahrer könnten heimliche Bewunderung ernten, als »cool« gelten, und die Orientierung an Nachhaltigkeit könnte schleichend ausgehöhlt werden. Aus wenigen »Abweichlern« könnten Trendsetter werden und eine nicht mehr so nachhaltige Modewelle verursachen – gerade vielleicht im Hinblick auf eine nächste Generation, die die Werte ihrer Eltern zunächst einmal ablehnen wird.

Ökologischer Konsum als bloßes Schmiermittel fürs Gewissen?

Viele Menschen stehen den ökologischen Katastrophenszenarien, trotz aller damit verbundenen Schrecken, mit einer gewissen Laissez-faire-Mentalität gegenüber. Selbst als die BILD-Zeitung titelte: »Noch 13 Jahre, um die Welt zu retten«, gingen die meisten nach der Lektüre nicht etwa auf die Straße, um durchgreifende Maßnahmen zur Rettung der Welt zu fordern. Vielmehr gingen sie zur Arbeit, in die Kneipe oder zum Einkaufen.

Anscheinend haben wir uns seit den 1970er-Jahren an die Weltuntergangsreden und den Alarmismus gewöhnt. Wir hören all das, und es folgt kaum etwas bis nichts. Wir machen im Großen und Ganzen so weiter wie bisher. Einziger Unterschied: Wir denken anders. Die Umweltkrise hat mehr das Denken und die Kommunikation verändert als das Handeln. Man entschuldigt sich proaktiv für Fernflüge – und unternimmt sie dann trotzdem. Man stimmt mit ein in den Chor der Kritiker der Automobilität – fährt aber selbst lieber allein im Auto zur Arbeit, weil die Organisation von Fahrgemeinschaften Absprachen und Festlegungen erfordern würde. Das schlechte Gewissen in Umweltfragen ist in weiten Teilen der Bevölkerung angekommen, hat aber nur geringe Auswirkungen auf das reale Handeln. Es scheint, als ob es sich als »Umweltsünder« recht gut leben lässt – allerdings muss man mit dem schlechten Gewissen fertig werden.

Der wiederholt geäußerte böse Verdacht angesichts dieser Beobachtungen ist, dass Umwelthandeln und nachhaltiger Konsum verborgene Funktionen haben. Wolfgang Ullrich (2007) schreibt in durchaus polemisch gehaltener Sprache, es gehe vielmehr darum, sich moralisch freizukaufen, um dann mit einem guten Gewissen konsumieren zu können. Es komme nicht wirklich auf den realen Umwelteffekt des Konsums an, sondern auf den Wohlfühleffekt. Sich etwas Nettes zu kaufen oder einen schönen Urlaub zu verbringen, ist angenehmer, wenn man dabei auch noch das Gefühl hat, »etwas für die Umwelt zu tun«. Ullrich geht so weit zu behaupten, dass ökologisches Denken auch die Funktion habe, sich von »den anderen« abzugrenzen und sich ihnen überlegen zu fühlen. Soweit will ich hier nicht gehen und niemandem, der sich um ökologischen Konsum bemüht, die Ernsthaftigkeit absprechen. Und dennoch: Es bleibt der Eindruck, dass hier etwas nicht zusammenpasst.

Eine nachdenklich stimmende empirische Beobachtung betrifft in diesem Zusammenhang die LOHAS (s. o.), die über einige Jahre als Hoffnungsträger und Speerspitze des nachhaltigen Konsums galten. Michael Bilharz hat das Umweltverhalten einer Gruppe untersucht, die sich selbst zu diesem Kreis zählt. Das Ergebnis war ernüchternd: Obwohl die Personen *glaubten*, nachhaltiger zu leben und zu konsumieren als andere Bevölkerungsgruppen, spiegelte sich diese Selbstwahrnehmung in ihrem realen Verhalten in keiner Weise wieder. Im Ergebnis konstatieren die Forscher, dass sich LOHAS nicht durch eine nachhaltigere Lebensweise auszeichnen, sondern dadurch, dass sie *von sich selbst meinen*, nachhaltiger als andere zu leben. Das ist zwar ein Einzelbefund, der aber dennoch darauf hinweist, wie wichtig es ist, zwischen dem »gefühlten« umweltbewussten Handeln und den realen Effekten zu unterscheiden.

Der Schuss könnte nach hinten losgehen

Schlimmer noch, es gibt Befürchtungen, dass die Bemühungen um einen nachhaltigeren Konsum sogar negative Effekte für die Nachhaltigkeit mit sich bringen könnten. Till Bastian (2002) schreibt zu einem Teilaspekt, dem Umgang mit Müll:

> *Dieser deutsche Wiederverwertungswahn ist ein ökologischer Irrweg, ist zugleich ein sozial-psychologischer ›Abwehrmechanismus‹: Er schützt davor, die eigentlich bedeutsamen Fragen zu stellen.*

Wenn die Erwartung, dass die Konsumenten in ihrem Alltagshandeln die Wende zur Nachhaltigkeit bewirken können, letztlich nur Illusion und Selbstbetrug ist, dann kann gerade diese Erwartung verhindern, dass die richtigen und wichtigen Fragen gestellt und beantwortet werden. Im Gegenteil: Es würde alles so weitergehen wie bisher. Auf diese Weise würde durch nachhaltigen Konsum der Status quo sogar verfestigt, statt ihn in die Richtung nachhaltiger

Entwicklung zu verändern. Die Probleme würden nur an den Symptomen, nicht aber an der verursachenden Wurzel gepackt. Ähnlich stellt Dauvergne (2008, S. 215) die Frage, welche realen Folgen die »Umweltbewegtheit« (Environmentalism) der öffentlichen und politischen Kommunikation hat. In Bezug auf die globalen Folgen kommt er zu dem Schluss:

> Not only is environmentalism failing to produce sustainable patterns of global consumption, much of what policymakers in high-consuming economies are labelling as ‚environmental progress‘ is in reality little more than the wealthy world deflecting consequences and risks into ecosystems and onto people with less power.

Damit zieht auch er nicht nur die Zielerreichung einer besseren Umweltverträglichkeit durch umweltbewegtes Handeln in Zweifel, sondern befürchtet sogar negative Effekte in ökologischer und sozialer Hinsicht, so vor allem ein Abschieben negativer Folgen des Lebensstils der reichen Länder auf ärmere und weniger einflussreiche.

Vermischung von Konsumenten- und Staatsbürgerrolle

Nun folgt noch ein Argument ganz anderer Art. Denn es stellt sich die Frage, ob die Erwartungen und die Durchsetzungsmaßnehmen nicht vielleicht grundsätzlich problematisch sind – unabhängig davon, was sie zur Lösung der Umweltprobleme beitragen könnten.

Konsumenten verfolgen im Allgemeinen persönliche und keine gesellschaftlich gewünschten Ziele. Sie optimieren ihr Kaufverhalten nach individuellen und privaten Interessen wie Nutzungsbedarf, Preis, Leistungsmerkmale, Komfort, Prestige, Aussehen etc. Die Menge der Konsumenten ist kein kollektiver Akteur mit Gestaltungsintentionen, weder für noch gegen Nachhaltigkeit. Wenn von »dem Konsumenten« geredet wird, ist das eine abstrakte sprachliche Konstruktion, aber kein Akteur.

Soweit ist dies eine Beschreibung der Realität, die auf die meisten Konsumenten zutrifft. Sie ist auch Folge der Grundüberzeugung des modernen Staates, der zwischen einer *öffentlichen* und einer *privaten* Sphäre unterscheidet. Zum Privaten gehört unter anderem auch der Konsum. Die Sphäre des Privaten wird dabei begrenzt durch Regelungen, die für alle verbindlich sind, zum Beispiel durch Gesetze. Innerhalb dieser Grenzen jedoch sind die Individuen entlastet von der Verpflichtung, in ihrem Handeln dauernd Gemeinwohlaspekte berücksichtigen zu müssen. Hier gilt die Konsumentensouveränität. Die Trennung des Privaten und des Öffentlichen ist grundlegend für die Organisation unserer modernen Gemeinwesen. Beispielsweise ist das ganze Rechtssystem entlang dieser Grenze ausgerichtet und unterscheidet Privates und Öffentliches Recht.

Nun versucht der nachhaltige Konsum jedoch gerade, diese Grenze aufzuheben (Heidbrinck et al. 2011). Das pri-

vate Handeln wird unter die Norm einer Gemeinwohl-
verpflichtung namens Nachhaltigkeit gestellt. Die Menge
der Konsumenten soll als *kollektiver Akteur* in Erscheinung
treten, der »schlafende Riese« soll geweckt werden (Busse
2006). Das ist jedoch demokratietheoretisch alles andere
als trivial. Denn Privates und Öffentliches unterliegt je-
weils ganz anderen Verpflichtungen zu Transparenz und
Legitimation. Das Private ist privat, dem öffentlichen Blick
entzogen und genießt als solches den Schutz des Rechts-
systems. Viele der aktuellen Sorgen im Verbraucherschutz
beziehen sich ja gerade darauf, »ausgespäht« zu werden,
wodurch der Schutz der Privatsphäre verletzt würde. Der
Bereich des Öffentlichen hingegen muss transparent und
legitim sein, und dafür gibt es Regelungen im demokratischen System der Verfahren und Institutionen.

Wird der Konsum nun mit Zielen aus dem Bereich des
Öffentlichen aufgeladen, so durchbricht dies eingeübte gesellschaftliche Strukturen. Konsum wird aus dem Bereich
des Privaten in die Öffentlichkeit gezerrt und damit unter
das Gebot der Transparenz gestellt. Das kann hier nur
gegenseitige Beobachtung bedeuten, zum Beispiel an der
Kasse im Supermarkt, beim Buchen der Urlaubsreise oder
in der Art und Weise, wie wir unsere Mobilität realisieren.
Kaufen und Konsumieren werden auf einmal öffentliche
Akte und geraten dadurch unter öffentlichen Legitima-
tionsdruck. Die nur formal verbleibende Freiwilligkeit des
Konsums wird real zu einem Spießrutenlauf, wenn man
sich nicht an die herrschende Meinung der »political cor-

rectness« hält. Die Verpflichtung zu Transparenz, so wertvoll und unverzichtbar sie im öffentlichen Bereich ist, wird totalitär, wenn sie den Bereich des Privaten erfasst und ihn in das Licht der Öffentlichkeit stellt.

Der Unterschied zwischen Privatheit und geschützter Privatsphäre auf der einen und dem Bereich des Öffentlichen unter einer Transparenzverpflichtung auf der anderen Seite ist aber, wie Theodor W. Adorno gesagt hätte, einer »ums Ganze«: Weder darf Privatsphäre mit Transparenzverpflichtungen belastet und damit ins grelle Licht der Öffentlichkeit gestellt werden noch darf Transparenz in öffentlichen Belangen vernachlässigt werden. Freilich, wo die Grenze zwischen beiden liegt, ist in der modernen Gesellschaft umstritten und immer wieder neu auszutarieren.

Bevormundung der Konsumenten?

Natürlich sind Konsumhandlungen keineswegs absolut frei. Freiheiten der Bedürfnisbefriedigung in einem liberalmarktwirtschaftlichen System werden dadurch eingegrenzt, dass Schädigungen Anderer einschließlich zukünftiger Generationen zu vermeiden sind. Viele Gesetze, Ge- und Verbote und andere Regulierungen haben genau den Sinn, Nachteile und Rechtsverletzungen zu vermeiden. Doch nachhaltiger Konsum will doch auch nichts anderes, als die Rechte zukünftiger Generationen zu wahren.

Der große Unterschied liegt darin, dass Einschränkungen durch Gesetze und Verordnungen klar in der Sphäre des Öffentlichen liegen und durch einen politischen Prozess mit Transparenzverpflichtung legitimiert und verbindlich gemacht wurden. Nachhaltigkeitsappelle und moralisierender Druck hingegen haben diesen Prozess nicht durchgemacht. Sie sind demokratisch nicht legitimiert.

Dieses Problem verdunkelt auch den Blick auf den libertären Paternalismus. Auch wenn dort die Konsumentensouveränität betont wird, beanspruchen die Protagonisten doch zu wissen, welche Entscheidungen die Konsumenten »eigentlich« treffen wollen – worauf das Wort »Paternalismus« auch ehrlich hinweist. Ein Paternalismus mit bevormundenden und nicht demokratisch legitimierten Eingriffen in das individuelle Handeln ist nicht mit ethischen und politischen Randbedingungen nachhaltiger Entwicklung vereinbar (Grunwald/Kopfmüller 2012).

Jedoch scheint dieses dramatisch anmutende Manko überraschend einfach heilbar. Letztlich kommt es darauf an, wie über paternalistische Maßnahmen entschieden wird. Versteht man nachhaltigkeitsförderliche Eingriffe in das Konsumhandeln als öffentliche Aufgabe, zum Beispiel als »Regulierung durch Anstoßen« (Smeddick 2011), und sichert sie über einen transparenten und demokratischen Beratungs- und Entscheidungsprozess ab, so verschwindet das Gegenargument einfach. Denn dann ist die Befassung mit Nachhaltigkeit als öffentliche Aufgabe eine Herausforderung für Öffentlichkeit und politisches System, und entsprechende Entscheidungen werden über den Weg legitimer demokratischer Entscheidungen getroffen.

Das ist kein Paternalismus, sondern eben Demokratie. Entscheidend ist, dass nicht irgendwer, und sei es ein Wissenschaftler, intransparent und ohne demokratische Legitimation entscheidet, in welche Richtung das Konsumentenverhalten »gedrängt« werden soll, sondern dass dies »der Souverän« selbst bestimmt. Allerdings wären wir damit wieder in der politischen Arena, die wir zu Beginn vorläufig ad acta gelegt hatten. Auf diesen Befund wird zurückzukommen sein.

Lust am Selbstbetrug?

Für eine Gesellschaft, die sich selbst als »Wissensgesellschaft« und als aufgeklärt bezeichnet, ist das Ergebnis dieses Kapitels ernüchternd. Wie lässt sich dieser Befund erklären?

Ein Grund dafür könnte darin liegen, dass der Mensch zu Selbstbetrug und Illusion neigt – weil sie das Leben leichter machen. Aus der großen und damit Angst einflößenden Herausforderung der Nachhaltigkeit würde dann etwas Überschaubares. Etwas, das jeder bei sich zuhause umsetzen kann. Ein wenig Strom sparen, regionale Lebensmittel einkaufen, ab und zu Straßenbahn statt Auto fahren, und alles wird gut – wenigstens verspricht dies die moralisierende Rhetorik. Keine Nachhaltigkeitsrevolution, keine Große Transformation, wie dies der Wissenschaftliche Beirat Globale Umweltveränderungen (WBGU) der deutschen Bundesregierung 2011 empfahl, sondern viele kleine

Schritte. Diese Vorstellung ist angenehmer, scheint viel einfacher umzusetzen und verursacht weniger Angst. Nachhaltigkeit wird so überschaubar und ist auf keinen Fall bedrohlich (Bastian 2002).

Dieser Trend zur Selbstberuhigung wurde in den letzten Jahren sehr deutlich. Je stärker die Nachhaltigkeits-, Umwelt- und Klimaprobleme sichtbar werden, umso mehr wird über nachhaltigen Konsum geredet. Wenn viele Menschen viele kleine Schritte tun, dann werden sie Großes bewirken – dieser Spruch von Kirchentagen und Ökoseminaren hat Hochkonjunktur. Damit blenden wir ziemlich erfolgreich aus, dass die »vielen Menschen« bislang trotz aller Wachstumsraten des ökologischen Konsums global gesehen eine erschreckend kleine Minderheit sind, dass die Nachhaltigkeitserfolge im Kleinen mehr als aufgefressen werden vom schieren Wachstum des Konsums, dass in der jungen Generation die Sensibilität für Umweltprobleme abnimmt und so weiter und so weiter. Eine Verniedlichung der Herausforderung nachhaltiger Entwicklung.

Realismus tut Not!

Erklären lässt sich vieles, auch der Selbstbetrug und das Festhalten an einer Illusion. Entscheidend aber ist die Frage, wie sich beides überwinden lässt. Dies ist umso wichtiger, weil nicht nur Schritte in die richtige Richtung einer stärker umweltbewussten und nachhaltigeren Entwicklung nicht gegangen werden, sondern weil sogar

Schritte in die falsche Richtung drohen. Realitätsverlust und Verniedlichung können keine adäquaten Antworten auf die globale Herausforderung sein, Zukunftsverantwortung, Gerechtigkeit und die Erhaltung der natürlichen Umwelt zu realisieren. Ein romantisches Wunschdenken über Konsumenten als schlafende Riesen hilft nicht weiter – Verzweiflung allerdings auch nicht.

Wir müssen uns den Realitäten heutiger Gesellschaftsformationen, der Logik des kapitalistischen Wirtschaftssystems, der Globalisierung, des Wachstumsdenkens und der Alltagsroutinen im Konsum, und ihren Zwängen stellen. Diese verlangen nach einer anderen Perspektive, um die es nun gehen soll.

Nachhaltigkeit als öffentliche Aufgabe anerkennen

Damit sind wir wieder zurück am Anfang, reich an Erkenntnissen, aber auch an enttäuschten Hoffnungen. Was folgt? Es geht letztendlich darum, den Kurs des »Tankers« namens Menschheit oder Weltgesellschaft zu ändern. Der Kurs betrifft »das Ganze«, und das ist immer eine *öffentliche Angelegenheit* mit all den Anforderungen an Dialog, Transparenz und Legitimation, keine Sache des privaten Konsums. Da der Kurs uns alle gleichermaßen betrifft und damit in unser aller Verantwortung liegt, sind wir hier nicht als *Konsumenten*, sondern als *Bürger* gefragt. Dies gilt es anzuerkennen, oder auch wieder neu zu entdecken.

Was ist das Öffentliche am Konsum?

Wir haben gesehen, dass Konsum in liberal verfassten Gesellschaften zur Privatsphäre gehört. Nun besteht aber kein Zweifel daran, dass unser Alltags- und Konsumhandeln (viel) nachhaltiger werden muss. Wie soll das gelingen, wenn der Konsum privat ist und wir moralischen Druck und paternalistische Maßnahmen als ungeeignet ansehen? Liegt hier nicht eine ausweglose Situation vor?

Nein, denn Konsum hat neben der privaten auch eine öffentliche Seite, ja sogar zwei. Die eine ist die bekannte Tatsache, dass der Konsum *Folgen* hat, die uns alle betreffen können, zum Beispiel über die Umweltprobleme, die er verursacht. Wer versucht, mit dem Verursacherprinzip an die Verantwortung der Konsumenten zu appellieren (zum Beispiel Heidbrinck/Schmidt 2011), setzt genau hier an. Nun habe ich im vorigen Kapitel mit vielen Argumenten diesen Weg als nicht gangbar dargestellt.

Zum Glück gibt es aber noch eine andere öffentliche Seite des Konsum: Das sind die öffentlichen oder öffentlich festgelegten *Rahmenbedingungen*, innerhalb derer er stattfindet. Politische Bedingungen, Steuern, die Rechtslage, Wirtschaftsstrukturen, Anreizsysteme und weitere nationale und internationale Faktoren beeinflussen die Art und Weise, in der individuell gehandelt und konsumiert wird. Konsum findet nicht in einem abstrakten luftleeren Raum statt, sondern inmitten einer realen Gesellschaft mit ganz realen Rahmenbedingungen. Es sind diese Strukturen, in denen wir leben, handeln, arbeiten und konsumieren. Sie sind so etwas wie der öffentlich sichtbare und öffentlich gestaltbare Anteil an der Art und Weise, wie Konsum stattfindet, und sie tragen damit ihren Anteil daran, dass er sich als nicht nachhaltig erwiesen hat. Also müssen Rahmen-

bedingungen, Systemzwänge und Anreizsysteme geändert
werden, die in Konsum und Lebensweisen bislang nicht
nachhaltige Ausprägungen nahegelegt haben (Petersen/
Schiller 2011).

Verantwortung für den Konsum haben nicht nur die Konsumenten!

Das bedeutet, das Verursacherprinzip zwar ernst zu
nehmen, aber eine einseitige Interpretation zu überwinden. Sicher tragen die Konsumenten einen *Teil* der Verantwortung und können wohl auch durch bewussten Konsum
hier und da etwas ändern. Aber es gibt eben auch einen
anderen Teil der Verantwortung, und dieser liegt nicht im
privaten Bereich, sondern in den öffentlichen Aspekten
des Konsums. Es sind die Rahmenbedingungen, in denen
ein gehöriges, allerdings schwer messbares Maß an Verantwortung für den Konsum steckt. Und für diese Rahmenbedingungen sind nicht die Konsumenten verantwortlich – allerdings auch nicht die Politiker, wie vielleicht
manch ein Leser rasch vermuten könnte. Sondern in einem
demokratischen System sind es letztlich die Bürger, die der
Souverän sind. Durch die Politiker lassen sie sich vertreten,
mehr nicht.

Damit wird die Verantwortungsstruktur für den Konsum transparent: Wir tragen diese Verantwortung gleich-
sam auf zwei unterschiedlichen Schultern. Mit der einen
sind wir Verbraucher und Konsumenten und mühen uns

in den Dingen des Alltags im Bereich privaten Handelns. Mit der anderen sind wir Bürger eines Gemeinwesens, in dem wir im Bereich des Öffentlichen Mitverantwortung für die Regelung der uns gemeinsam betreffenden Angelegenheiten haben (Petersen/Schiller 2011). Der moralisierende Ansatz übersieht komplett diesen zweiten Aspekt und ist daher nicht tragfähig.

Ähnlich verhielt es sich mit der Bankenkrise. Oft wurde die Verantwortung bei den »gierigen« Bankern gesehen, ihr maßloses Verhalten und ihre Raffgier galten als zentrale Ursache der Krise. Nur selten wurde gefragt, ob diese Banker nicht in einer Welt mit solchen Regeln und Zwängen gearbeitet haben, in der sie quasi »gierig« sein mussten, um sich erfolgreich im Beruf zu behaupten. Wenn das so wäre, bräuchten Banker keine Kurse in Wirtschaftsmoral. Vielmehr müssten die Funktionslogik des Finanzsystems und die Regeln für die Abwicklung von Geschäften und Transaktionen überprüft werden. Das wiederum wäre dann keine Privatsache der Banker, sondern Aufgabe politischer Regulierung durch Setzung besserer Rahmenbedingungen. Es ist immer einfacher und lässt sich in den Massenmedien besser verkaufen, die Schuld und das »Böse« zu personifizieren, statt sich mit komplexen Strukturen zu befassen. Eine Vorgehensweise, die simplifiziert und meist in die Irre führt.

Nun wird heute gelegentlich die These formuliert, dass Privates und Öffentliches sich immer mehr vermischen (zum Beispiel Bilharz et al. 2011, Heidbrinck/Schmidt

2011). Der Ökonom Bernd Siebenhüner spricht davon, dass privater Konsum politisch sei. Sicher gibt es Überlappungen zwischen beiden Bereichen; dies ändert aber nichts daran, dass privat und öffentlich unterschiedliche Kategorien mit je spezifischem Eigenwert, spezifischen Aufgaben und Leistungen und auch je spezifischen Regeln sind. Diese gilt es anzuerkennen und weiterzuentwickeln, gegebenenfalls auch zu schützen, weil sie Grundkategorien moderner demokratischer Gesellschaften sind.

Transparenz, Legitimation und Verbindlichkeit

Wir wenden uns jetzt der öffentlichen Seite der Verantwortung zu. Für die Gestaltung des öffentlichen Raumes braucht es, wie bereits erwähnt, transparente Entscheidungsprozesse und die Legitimation der Ergebnisse dieser Entscheidungen über demokratische Verfahren. Dann können allgemeinverbindliche Regeln eingesetzt werden, die – jedenfalls zu einem guten Teil – über den »Kurs« des Tankers namens Gesellschaft befinden.

Eine »Regulierung durch Anstoßen« (Smeddinck 2011) ist ein gutes Beispiel dafür, wie man sich eine an Nachhaltigkeit ausgerichtete »Formierung« des Konsums vorstellen kann, die weder aus bloßen Appellen noch aus dirigistischen Maßnahmen besteht. Sie führt, obwohl sie die Entscheidungsfreiheit im Konsum prinzipiell erhält, dennoch zu faktischen Lenkungseffekten, weil bestimmte Handlungen durch das Setzen von Rahmenbedingungen und Anreizsystemen bevorzugt und andere benachteiligt werden. Entscheidend ist, dass dies, wie das Wort »Regulierung« sagt, nicht nur moralischer Appell, sondern legitimierte und damit verbindliche Rahmensetzung ist.

Auf diesem Weg haben wir gelernt, auch mit den im vorigen Kapiteln genannten Problemen der Trittbrettfahrer und der mangelnden Stabilität des menschlichen Verhaltens umzugehen. Rahmenbedingungen, die für alle verbindlich sind, lassen keine Trittbrettfahrer und Profiteure zu, außer jemand stellt sich bewusst außerhalb des verbindlichen Rahmens – und das hat üblicherweise Folgen!

Diese öffentlich gesetzten Rahmenbedingungen liefern auch eine gewisse zeitliche Stabilität über Modewellen des Konsums hinaus. Sicher sind sie veränderbar, und es wird auch auf diesem Weg nicht gelingen, für immer nachhaltigkeitsförderliche Bedingungen zu schaffen. Das ist das Wesen der Demokratie, und das sollte niemand bedauern. Schließlich eröffnet diese Flexibilität auch die Möglichkeiten des Lernens und des Weiterentwickelns von Rahmenbedingungen, die den umweltbewussten Konsum unterstützen.

Soll »die Politik« es nun doch richten?

Nach dem ernüchternden Blick auf die Nachhaltigkeitserfolge der Politik zu Beginn des Buches scheint es, als ob wir an den Ausgangspunkt zurückgekehrt und nichts gewonnen hätten. Haben wir nicht diagnostiziert, dass die

Erwartungen an die große Politik, die Nachhaltigkeitswende zu bewirken, kläglich enttäuscht wurden? Ist nicht
die internationale Klimapolitik ein deutliches Anzeichen
dafür?

Ja, das alles ist wahr, aber die Frage ist eine andere,
nämlich: Muss das so bleiben? Wenn wir uns daran erinnern, dass nicht das politische System der Souverän ist,
sondern die Bürger – also wir! –, dann hat es etwas merk-
würdig Schräges, wenn wir mit dem Finger auf die Politiker zeigen und ihnen Versagen vorhalten. Immerhin haben
wir sie ins Amt gerufen, sie sind sozusagen unsere Ange-
stellten. Wenn sie in Sachen Nachhaltigkeit versagen, dann
sagt das also auch etwas über uns aus. Jedes Volk hat die
Regierung, die es verdient. Politik- und Politikerschelte ist
wohlfeil, weil sie ablenkt von der politischen Verantwortung, die wir alle mittragen. Keineswegs gilt, dass »die Politik es richten müsse«. Vielmehr geht es um das *politische
Handeln der Bürger* und ihre Möglichkeiten, das politische
System und seine Entscheidungen mehr in Richtung nachhaltige Entwicklung zu drängen. Auf die öffentliche und
damit politische Dimension von Umwelt und Nachhaltigkeit aufmerksam zu machen, heißt nämlich nicht, dass die
Einzelnen in diesem Geschehen keinen Platz oder keine
Aufgabe hätten, dass sie sich ausruhen könnten und weder
Einflussmöglichkeiten noch Verpflichtungen hätten. Im
Gegenteil, es geht um Bürger als Schlüsselakteure einer
lebendigen Demokratie.

Die Macht der Bürger

Es gab eine Zeit, da hat das politische Engagement von Bürgern viel bewegt, und zwar zu einem guten Teil gegen das politische Establishment. In den 1980er-Jahren, als die Umweltkrise mit Macht in der Öffentlichkeit wahrgenommen wurde, formierten sich Bewegungen und Bürgerinitiativen und es fand eine intensive Debatte über den Erhalt der natürlichen Lebensgrundlagen statt. Die Gründung der Partei DIE GRÜNEN ist nur ein besonders sichtbares Ergebnis dieses Engagements. Auch in die anderen politischen Parteien zogen neue Menschen und neue Ideen ein und führten dazu, dass heute praktisch alle etablierten Parteien eine grüne Seite haben, sicher unterschiedlich ausgeprägt.

Die verbreitete Meinung, dass man ja doch nichts tun könne, stimmt daher so nicht. Nicht die Konsumenten sind die immer wieder beschworenen schlafenden Riesen, sondern es sind die Bürger. Gelegentlich wachen sie auf. Ihr Engagement in Umweltfragen hat bereits viel bewegt, unabhängig davon, in welchen politischen Parteien oder anderen gesellschaftlichen Foren dies stattfindet, auch wenn der große Durchbruch in Sachen Nachhaltigkeit bislang nicht gelungen ist. Durch individuelles Handeln kann Druck auf Institutionen aufgebaut beziehungsweise vergrößert werden, relevante gesellschaftliche Bereiche ökologisch »umzubauen«. Auch haben Bürger oft Vorreiterrollen übernommen und gezeigt, dass »etwas geht«. Aktuell geschieht das vielfach im Bereich der Energiewende, etwa in lokalen und kommunalen Aktivitäten. Allerdings muss auch ehrlich gesagt werden, dass dieses Umwelt- und Nachhaltigkeitsengagement derzeit auf der Ebene der »großen Politik« wenig sichtbar ist. Hier besteht Handlungs- und Motivierungsbedarf!

Ansätze dazu gibt es durchaus. Bürger als »Agenten des Wandels« zu sehen, wie Claus Leggewie und Harald Welzer dies formulieren (2011), neue Rollenmodelle zu entwickeln, die die Verantwortung für öffentliche Belange wie die Nachhaltigkeit und die Umwelt wieder stärker ins Bewusstsein bringen, scheinbare Selbstverständlichkeiten zu erschüttern und Motivation zur Veränderung zu schaffen (Leggewie/Welzer 2011, S. 149), gehören zu diesen Maßnahmen. Letztlich geht es hierbei um die Veränderung verbindlicher Regelungen im Sinne der Nachhaltigkeit, nicht um eine bevormundende Beeinflussung des privaten Konsums.

Bürger können auf diese Weise etablierte gesellschaftliche Strukturen, die allzu oft nicht nachhaltig sind, in Frage stellen und Alternativen vorschlagen. Hierbei kann es sich um strukturelle Fragen wie eine Modifikation des Steuersystems oder die Einführung von Nachhaltigkeitsprüfungen auf allen politischen Ebenen handeln (s. u.), es kann um die Verankerung und Konkretisierung von Nachhaltigkeit in den Programmen der politischen Parteien gehen, oder es können konkrete Felder angesprochen werden wie die Energieversorgung oder die Mobilitätsstrukturen der Zukunft. Dies kann im Rahmen der traditionellen politischen Institutionen und Verfahren erfolgen, wie zum Beispiel im Bereich der politischen Parteien. Aber auch durch Engagement auf öffentlichen Plattformen, in Dialogen, den (Massen-)Medien, oder auch im Rahmen zivilgesellschaftlicher Organisationen, die andere Wege und Möglichkeiten haben, sich Gehör zu verschaffen.

Ein Beispiel: Es war zwar nicht das individuelle Engagement, das zur Erhöhung des Anteils erneuerbarer Energieträger an der Energieversorgung geführt hat, sondern das Erneuerbare-Energien-Gesetz. Es hat die Rahmenbedingungen für individuelles Handeln vor allem dadurch verändert, dass Investoren Planungssicherheit in Bezug auf die erwartbaren Einspeisungserlöse erhielten. Jedoch hat das Engagement von Bürgern zum einen sicher dazu beigetragen, dass das politische System sich in diese Richtung bewegt hat. Zum anderen haben viele Pioniere der Energieerzeugung durch erneuerbare Energie in der Praxis gezeigt, dass und wie es gehen kann – und wenn es solche Beispiele gibt, geht den Bedenkenträgern das Argument aus, dass so etwas niemals funktionieren kann.

Selbstüberlistung als Trick der Demokratie

Dass Bürger einen so hohen Druck in Richtung Nachhaltigkeit ausüben können, dass damit das gesamte System ein Stück weit umgesteuert werden kann, erscheint auf den ersten Blick genauso unwahrscheinlich wie eine globale Massenbewegung zum nachhaltigen Konsum. Die Grenzen des bürgerschaftlichen Engagements scheinen daher auch in diesem Ansatz eher eng gezogen. Denn es ergeben sich letztlich ähnliche Schwierigkeiten wie im Modell des nachhaltigen Konsums, da kurzfristige Interessen der Einzelnen oft im Vordergrund stehen. So hat wie gesagt nicht direkt das individuelle Engagement zur Erhöhung des Anteils erneuerbarer Energieträger an der Energieversorgung geführt. Aber es hat zu einer politischen Bereitschaft beigetragen, ein solches Gesetz in Kraft zu setzen – und ähnlich könnte es auch beispielsweise mit der Kerosinsteuer laufen. Nachhaltigkeitspolitisch motiviertes Handeln der Einzelnen kann zwar nicht unmittelbar und direkt zu Veränderungen führen, dürfte aber vielfach eine *conditio sine qua non – also eine Bedingung, ohne die es nicht geht* – sein, das politische System in eine entsprechende Richtung zu bewegen.

Ich bin (bescheiden) optimistisch, dass viele Menschen den Sinn (nachhaltigkeits-)politischer Maßnahmen durchaus einsehen, auch wenn sie zunächst zu individuellen Nachteilen führen. Denn hier zeigt sich das grundlegende Problem: Wie können in einer an Mehrheiten orientierten Demokratie Entscheidungen getroffen werden, die für die Mehrheit möglicherweise zu Einschränkungen führen, zumindest aber Mühe und Arbeit machen? Ein Beispiel dafür sind Steuererhöhungen. Niemand begrüßt sie, aber wenn es gute Argumente gibt und sie demokratisch beschlossen und verbindlich umgesetzt werden, werden sie akzeptiert. Ein moralischer Appell an die Bürger, freiwillig mehr Steuern zu zahlen – genau das wäre die Analogie zu dem oben beschriebenen Appell, ökologisch korrekt zu konsumieren – geht an den Realitäten vorbei und würde geradezu lächerlich wirken.

Dieses Beispiel zeigt die Fähigkeit der Demokratie, Entscheidungen auch gegen Mehrheiten zu treffen. Dazu braucht es aber gute Argumente und legitimierte Verfahren. In gewisser Weise könnte man sagen, dass wir uns damit selbst überlisten, wohl wissend, dass das angesichts unserer uns selbst wohlbekannten Schwäche und der partikularen Interessen ab und zu nötig sein kann. Ich zweifle nicht daran, dass diese kluge Fähigkeit der Demokratie auch genutzt werden kann, um unbequeme ökologische Entscheidungen zu treffen. Immerhin ist so auch einmal die Ökosteuer auf Treibstoffe eingeführt worden.

Freilich, oft muss das politische System zum Jagen getragen werden. Die Realität ist komplex, die Lobbyistenverbände belauern die Parlamentarier und Ministerialbeamten, die Massenmedien geben sich dann gerne als Anwalt des »kleinen Mannes« und beklagen soziale Härten. Es ist anstrengend, unbequeme Entscheidungen zu treffen. Daher ist hier die Macht von Bürgern gefragt, durch eigenes Engagement nachzuhelfen. Dies ist Teil unserer Verantwortung.

Ein Nachhaltigkeits-TÜV für Gesetze

Das »Nachhelfen« könnte auch an noch ganz anderer Stelle nötig sein. Eine ganz wesentliche öffentliche Aufgabe, delegiert an das politische System, ist die Regelung allgemeinverbindlicher Angelegenheiten durch Gesetze und Verordnungen, die natürlich in vielerlei Hinsicht auch den Konsum beeinflussen können. Eine systematische Untersuchung der Folgen von Gesetzesvorhaben hinsichtlich ihrer nachhaltigkeitsbezogenen Wirkungen – vielfach als »Nachhaltigkeitsprüfung« bezeichnet – könnte ein wesentliches Element zur Gestaltung dieses Wandels hin zu einer angemessenen »Nachhaltigkeitspolitik« sein. Nachhaltigkeitprüfungen dieser Art gibt es in Ansätzen zum Beispiel auf der europäischen Ebene und in Deutschland.

So hat die Bundesregierung im Mai 2009 auf Empfehlung des fraktionsübergreifenden Parlamentarischen Beirats des Bundestags für nachhaltige Entwicklung beschlossen, eine Nachhaltigkeitsprüfung in die übliche Gesetzesfolgenabschätzung zu integrieren (Grunwald/ Kopfmüller 2012). Bis zu einer genaueren Ausgestaltung prüfen die Mitglieder des Beirats Gesetzesentwürfe aus den Bundesministerien. Als Prüfkriterien dienen die Ziele und Indikatoren der nationalen Nachhaltigkeitsstrategie. Dieser bislang recht rudimentäre Ansatz könnte am Beginn eines Prozesses stehen, in dessen Verlauf verschiedene rechtliche, organisatorische oder methodische Kernelemente festzulegen und umzusetzen sind. So muss zum Beispiel die Unabhängigkeit der Nachhaltigkeitsbewertung von den Interessen der die Gesetze einbringenden Parteien gewährleistet werden.

Weiterhin wäre es ein großer Schritt, nicht nur neue, sondern auch bereits bestehende Gesetze zu prüfen. Viele Regelungen stammen aus einer Zeit, als weder Zukunftsverantwortung, Schutz der natürlichen Lebensgrundlagen noch Nachhaltigkeit und die damit verbundenen Herausforderungen relevante Themen waren. Hier gälte es, kräftig aufzuräumen – was freilich ein äußerst ambitioniertes Unterfangen wäre. Die Bereitschaft des politischen Systems dazu ist sicher gering. Wäre dies nicht ein Vorhaben, das Bürger einfordern könnten?

Anfänge einer transnationalen Öffentlichkeit

Das alles fände zunächst einmal im nationalen Rahmen statt. Aber auch wenn Deutschland nicht unbedeutend ist: Über die großen Fragen der Erhaltung der natürlichen Lebensgrundlagen und der Nachhaltigkeit wird woanders entschieden, zunehmend in Schwellenländern wie Indien und China, Südafrika, Brasilien und Argentinien. Damit ein politisches bürgerschaftliches Engagement wirklich Wirkung zeigt, muss es die nationalen Grenzen überwinden. Doch ist das nicht genauso unrealistisch wie eine globale Massenbewegung zum nachhaltigen Konsum?

Auf jeden Fall ist es eine Herausforderung. Allein die unterschiedlichen Sprachen erschweren es, sich über Ländergrenzen hinweg zu vernetzen. Problematischer aber ist die Unterschiedlichkeit der nationalen Regulierungen und die (fast) komplette Abwesenheit einer globalen Ebene der Governance. Der ökonomischen Globalisierung fehlt bislang ihr Gegenstück, die politische Globalisierung. Daher fehlen auch Institutionen, die einer global operierenden Wirtschaft wirklich etwas entgegensetzen könnten, wie in der Finanz- und Wirtschaftskrise schmerzhaft deutlich wurde.

Aber die Lage ist nicht hoffnungslos. Die globale Vernetzung schreitet rasch voran. Durch die zunehmende Mobilität werden Barrieren und Vorurteile zwischen Menschen und Nationen immer weiter abgebaut. Ein neuer Kosmopolitismus könnte entstehen, ein Weltbürgertum, wie Ulrich Beck es optimistisch formuliert hat. Und auch Internet und Mobilkommunikation bieten große Chancen. Man erinnere sich nur an den Arabischen Frühling, an dem die sozialen Netzwerke einen wichtigen Anteil hatten.

Schnelle Lösungen sind allerdings nicht zu erwarten – darüber darf man sich keine Illusionen machen. Freilich sind kleine Anzeichen zu erkennen, Schritte auf dem Weg hin zu einer transnationalen, vielleicht auch einmal globalen Öffentlichkeit, in der dann Weltbürger auf den verschiedensten Foren miteinander diskutieren und die politischen Systeme dazu bringen, den umweltbewussten Konsum zu fördern. Im Bereich der Menschenrechte ist das Entstehen einer Weltöffentlichkeit wohl am weitesten fortgeschritten. Unrechtsregime haben es angesichts von Internet und Mobilkommunikation immer schwerer, ihre Taten zu vertuschen. Die Weltöffentlichkeit in Form von Medien, zivilgesellschaftlichen Organisationen, aber auch in Form der Politik nimmt immer häufiger Stellung und übt Druck aus. In Bezug auf Umweltfragen und Nachhaltigkeitsprobleme bewegt sich das System ebenfalls. Wenn in Südamerika ökologisch und kulturell hoch problematische Staudammprojekte geplant werden, kommt es zu internationalen Debatten. Wenn globale Konzerne Kinderarbeit oder ökologisch unverantwortliche Prozesse in ihre Fertigungsketten integrieren, um noch billiger produzieren zu können, wird dies immer häufiger aufgedeckt und international kritisiert. Sicher ist eine Weltöffentlichkeit in vollem Sinne heute noch nicht viel mehr als eine Utopie, aber ihre Anfänge sind sichtbar.

Im Segelschiff auf hoher See

Zu Beginn des Buches war von einem Albtraum die Rede, von einem Tanker, auf dem viele Laufräder stehen. Dort mühen sich die Konsumenten redlich ab: durch Mülltrennung, den Kauf von Öko-Lebensmitteln und Öko-Zertifikaten, durch Kompensation ihrer Flugreisen und vieles andere mehr etwas »für die Umwelt« zu tun. Dabei bemerken sie gar nicht, dass sie den Kurs des Tankers auch durch eine noch so emsige Tätigkeit im Laufrad nicht beeinflussen können.

Diesem düsteren Bild muss man etwas entgegensetzen. Um einen schönen Vorschlag von Bilharz et al. (2011) aufzunehmen, stelle ich mir ein großes Segelschiff auf hoher See vor. Es muss sich seinen Weg durch viele schwierige Situationen bahnen, muss Klippen umschiffen und Unwettern trotzen und kann dabei nicht auf Hilfe von außen setzen. Für eine Kursbestimmung in Richtung nachhaltige Entwicklung und Umwelt ist das Zusammenspiel aller Mitreisenden erforderlich – sie sind der Souverän. Engagiert diskutieren und streiten sie über Nachhaltigkeit und ziehen Konsequenzen für den weiteren Kurs. Um in den langen Debatten auch zu Ergebnissen zu kommen, haben sie sich Verfahren überlegt, in denen auf eine von allen anerkannte Weise Entscheidungen getroffen werden. Alle verpflichten sich, die Ergebnisse als legitim zu akzeptieren, wenn das Verfahren ordentlich durchgeführt wurde – auch wenn das Ergebnis ihnen im Einzelfall nicht passen sollte. Für die Umsetzung der Ergebnisse ist eine Mannschaft verantwortlich – im realen Leben wäre das die Exekutive des politischen Systems.

Doch wo bleiben in diesem Modell der Konsum und die Konsumenten? Dem Konsum der realen Welt entsprächen auf dem Segelschiff die *Freizeitaktivitäten* der Mitreisenden und der Besatzung: Das sind Tätigkeiten, die nicht in den übergeordneten Funktionszusammenhang eingebunden sind: etwa Musik und Tanz, das Einkaufen im Bordshop, Entspannung auf dem Sonnendeck oder das Verfolgen persönlicher Ziele von Besatzungsmitgliedern und Reisenden. Entsprechend stelle ich mir das Segelschiff als ein liberales System vor, in dem es viel Platz für individuelle Freiheiten gibt, die im Rahmen privaten Handelns ausgelebt werden. Diese sind natürlich nicht grenzenlos, sondern durch die gemeinsame Mission eingeschränkt: Es gibt Regeln, die in den genannten Entscheidungsverfahren aufgestellt wurden und die von allen zu beachten sind.

Was bedeutet das konkret?

Bürger sollen und können sich in den politischen Debatten engagieren, in denen nachhaltigkeitsrelevante Ziele oder Maßnahmen thematisiert werden. Sie können verhindern, dass kurzfristige Interessen ohne Rücksichtnahme auf die Umwelt dominieren. Hierbei kann es um die Verankerung und Konkretisierung von Nachhaltigkeit in den Programmen der politischen Parteien gehen oder um nachhaltigkeitsförderliche Aktionen von Nichtregierungsorganisationen. Oder es können konkrete Felder im kommunalen Bereich angesprochen werden wie die Energieversorgung oder die Mobilitätsstrukturen der Zukunft. Damit würden nachhaltigkeitsfeindliche Rahmenbedingungen auch als Anreizstrukturen für den Konsum identifiziert und Veränderungsimpulse gegeben werden. Ja, im idealen Fall kann Druck in Richtung Verbesserung aufgebaut werden.

Zur Illustration dient ein Beispiel, das aber auch gleich die Probleme offenbart: Statt sich bei einer Fernreise durch den Kauf ökologischer Zertifikate moralisch »freizukaufen«, wäre es eine Herausforderung an politisches Nachhaltigkeitshandeln, für eine ehrliche Berücksichtigung ökologischer Folgen von Flugreisen und gegen eine steuerliche Bevorzugung des Luftverkehrs gegenüber anderen Verkehrsträgern einzutreten. Das bedeutet konkret, etwa für die Einführung einer Kerosinsteuer zu werben. Das wäre eine Änderung der *Rahmenbedingungen*, unter denen Flugreisen stattfinden. Diese Änderung müsste demokratisch legitimiert, übernational und allgemeinverbindlich sein; entsprechende Verhaltensänderungen würden im Rahmen der Konsumentensouveränität unter diesen neuen Rahmenbedingungen erfolgen, ohne dass ein moralischer Druck aufgebaut werden müsste. Entsprechendes Engagement in politischen Parteien oder in zivilgesellschaftlichen Organisationen müsste dabei freilich von Beginn an die nationalen Grenzen überschreiten, was vielfach noch ein Hindernis darstellt. Ich gebe zu: Es ist schwer vorstellbar, dass vor dem Flughafen Frankfurt Großdemonstrationen für eine Kerosinsteuer stattfinden. Andere Wege wären darüber hinaus zu beschreiten. Vor allem wäre einiges an politischer Basisarbeit zu leisten, gegen die Interessen von Lobbyisten gälte es sich durchzusetzen. Hier setze ich aber darauf, dass gute Argumente wenigstens eine Chance im Sinne der ›Selbstüberlistung‹ der Demokratie haben – aber nur, wenn Bürger politisch Druck ausüben.

Viele andere und teils sehr erfolgreiche Beispiele finden sich auf der kommunalen Ebene. In zahlreichen Städten und Gemeinden ist es der Initiative von Bürgern zu verdanken, dass es zu nachhaltigkeitsorientierten Umgestaltungen gekommen ist, vor allem bei Energieversorgung, Mobilität und in der Stadtplanung. Städte wie Tübingen, Freiburg oder Heidelberg haben auf unterschiedliche Weise gezeigt, was möglich und machbar ist. Die Lokale Agenda hat in einer großen Zahl kleinerer Gemeinden zu Aufbruchstimmung geführt – wenngleich es mittlerweile auch Ermüdungserscheinungen gibt. Das alles ist kein umfassender Trend, zeigt aber, dass bürgerschaftliches Engagement in Sachen Nachhaltigkeit etwas bewegen kann.

Schließlich können aufmerksame Bürger mit darauf achten, dass Entscheidungen konsequent in die Tat umgesetzt werden. Dass also nicht kurzfristige ökonomische Vorteile allein den Ausschlag geben – etwa im Tourismus –, sondern dass auch die längerfristigen Entwicklungen in den Blick genommen werden. Mittel hierzu gibt es mehr denn je. Sie reichen von Interventionen im Stadtrat über die in den üblichen Planfeststellungsverfahren vorgesehenen Beteiligungs- und Anhörungsmöglichkeiten bis hin zu öffentlichen Petitionen. Diese können mittlerweile mit den Mitteln des Internets weit über die individuelle Ebene hinaus eingesetzt werden.

Trotzdem umweltbewusst konsumieren!

Eine Frage bleibt noch offen: Bedeutet diese Verschiebung der Perspektive von der privaten Seite des Konsums auf die öffentliche, dass wir uns im alltäglichen Konsum keine Gedanken mehr machen müssen? Können wir die Überlegungen zu Umwelt- und Ressourcenproblemen oder Gerechtigkeit beim Konsumieren einfach ausblenden, solange wir uns auf der öffentlichen Bühne für diese Belange engagieren? Dürfen wir einfach Spaß beim Shoppen haben ohne weiter nachzudenken?

Nein, so ist es nicht. Zwei Gründe sprechen für einen reflektierten und ökologisch bewussten Konsum. Einer ergibt sich direkt aus den obigen Argumenten, ein anderer aus einer ethischen Überlegung auf der Grundlage von Immanuel Kant.

Nachhaltig konsumieren aus Glaubwürdigkeit

Unsere Verantwortung ist zweigeteilt in eine Verantwortung im privaten Konsumieren und eine Verantwortung im öffentlichen Bereich. In beiden Bereichen treten wir in unterschiedlichen Rollen auf: einmal als Nutzer, Konsument und Verbraucher, einmal als Bürger. Das Umgehen mit unterschiedlichen Rollen haben wir gelernt, es gehört zum täglichen Leben. Ob im Beruf oder in der Familie, im Ehrenamt oder in der Freizeit, wir nehmen je nach Kontext unterschiedliche Rollen wahr. Aber wir bleiben dabei immer die gleichen Menschen und müssen darauf achten, dass wir diese Rollen konsistent und glaubwürdig ausfüllen. Akzentunterschiede sind erlaubt, aber keine echten Widersprüche. Die Konsistenz im Handeln ist eine der Grundvoraussetzungen der gegenseitigen Achtung und des gegenseitigen Ernstnehmens.

Das gilt auch in unserem Fall des Konsums. Man stelle sich vor, jemand engagiert sich in einer politischen Partei oder im Stadtrat für Umweltbelange. Würde man ihn ernst nehmen, wenn herauskäme, dass er sich in seinem Privatleben nicht um ökologische Fragen schert? Wohl nicht. Die Konsistenzerwartung ist eine Brücke zwischen dem öffentlichen und privaten Bereich. Wer im öffentlichen Bereich glaubwürdig für die Umwelt und das Klima streiten will, muss sich im privaten Handeln konsistent mit seinen eigenen Überzeugungen verhalten.

Nachhaltig konsumieren, weil es richtig ist

Dieses Argument lässt sich noch verstärken. Wir haben gesehen, dass die Abschiebung der Verantwortung auf die Konsumenten irreführend ist und dass unklar ist, ob eine Moralisierung über die Folgen des eigenen Umwelthandelns der Umwelt überhaupt etwas bringen würde (Stichwort Systemeffekte, Bumerangeffekt). Mit dem einseitig auf das private Handeln zugeschnittenen Vorsorgeprinzip zu argumentieren, stößt an die Grenzen des Nichtwissens darüber, welche Folgen wirklich eintreten werden. Die Welt ist komplex, es könnte ganz anders kommen als erwartet.

Immanuel Kant spricht von Pflichten im Rahmen eines ethisch guten Handelns, ohne diese Pflichten von erwarteten Folgen her abzuleiten. Sein Anliegen ist es vielmehr, aus ethischen Prinzipien heraus das richtige Handeln zu begründen. Ist nicht ökologisch reflektierter Konsum »von sich aus«, dass heißt aus solchen Prinzipien heraus richtig? In einem Entscheidungsraum mit mehreren Optionen die Kriterien der Umweltverträglichkeit aus dem Kalkül auszuschließen und sich zum Beispiel beim Kauf von Lebensmitteln nur am niedrigsten Preis zu orientieren, würde vermutlich einen Ethik-Test nach Kant nicht bestehen. Denn eine solche Entscheidung könnte nicht beanspruchen, »Maxime einer allgemeinen Gesetzgebung« zu sein, wie dies der Kategorische Imperativ fordert. Schließlich würden, wenn alle sich danach richteten, Rechte und Würde aller dadurch beschädigt. Diese Überlegung kommt zwar nicht ganz ohne den Blick auf die erwartbaren Folgen aus. Es geht hier aber vor allem um die ethische Richtigkeit der Handlungen, welche in diesem Sinne Ausdruck der eigenen Lebensweise ist und aus Gründen der Konsistenz natürlich auch den eigenen Konsum und die vielen Entscheidungen im Alltag betreffen muss. Es geht um eine ehrliche Diagnose, um Bewusstheit und Selbsterkenntnis. Nachhaltiger Konsum könnte eine Pflicht im Kantischen Sinne sein, eine Pflicht um ihrer selbst willen:

> *Da wird der Umweltschutz, der zu Hause anfängt,*
> *zu einem Akt der Selbstbehauptung, der nicht mehr*
> *darauf rechnet, die Welt zu retten, der aber die*
> *eigene Würde rettet (Dahl 1992, S. 245)*

Weltrettungsrhetorik, Drohreden und Moralisierung sind vor diesem Hintergrund überflüssig. Freilich, wie das gelegentlich mit philosophischen Überlegungen so ist: Der Weg in den Alltag ist weit.

Fazit

Die aktuelle gesellschaftliche Debatte zum ökologisch korrekten Konsum läuft in die falsche Richtung. Das war die These zu Beginn dieses Buches. Durch Moralisierung, Drohreden, den Druck der »political correctness« und paternalistische Überlegungen, werden die Konsumenten mit Verantwortung überladen, die sie niemals einlösen können. Aber auch gesellschaftlich ist dieser Ansatz problematisch. Öffentliche Angelegenheiten unter Transparenz- und Legitimationsverpflichtung werden mit dem privaten Bereich vermischt, der gerade von diesen Verpflichtungen befreit ist.

Nach den Erfahrungen mit der Politik, der Wirtschaft und auch der Zivilgesellschaft scheint angesichts der Diagnose einer nicht nachhaltigen Entwicklung der Welt Ernüchterung eingekehrt zu sein. Welche Gruppe, welcher gesellschaftliche Teilbereich bleibt überhaupt noch übrig, um in Richtung Nachhaltigkeit zu wirken? Der hohe quantitative Anteil des Konsums an der Wirtschaft, liefert ein auf den ersten Blick plausibles Argument. Wenn der private Konsum über 50 Prozent der Wirtschaftsleistung ausmacht und vermutlich damit auch für den größten Teil der Umweltbelastung verantwortlich ist, dann sollte man dort auch zur Umkehr aufrufen. Den Blick auf die Konsumenten zu richten, liegt auch deswegen nahe, weil dafür scheinbar das unmittelbare Verursacherprinzip spricht. Wenn die Konsumenten Umweltprobleme verursachen, sollen sie sie auch lösen.

Aber die Argumentationslage ist eindeutig: Wir können und dürfen von den Konsumenten nicht diese Lösung erwarten. Es wird keine globale Massenbewegung der Konsumenten für Nachhaltigkeit geben, Trittbrettfahrer werden das System durchlöchern, Systemeffekte werden gut gemeinte ökologische Handlungen ins Leere laufen lassen, paternalistische Maßnahmen werden Widerstand hervorrufen Es lässt sich zwar nicht beweisen, dass die Erwartungen an die Konsumenten völlig unrealistisch sind. Aber alle Indizien weisen darauf hin: Hier liegt ein kollektiver Selbstbetrug vor.

Illusion und Selbstbetrug möchten psychologisch erklärlich sein. Die Herausforderung nachhaltiger Entwicklung, die natürlichen Lebensgrundlagen zu bewahren und dennoch für zurzeit sieben, in einigen Jahrzehnten wahrscheinlich über neun Milliarden Menschen ein menschenwürdiges Leben zu ermöglichen, kann Angst machen. Dennoch, Vogel-Strauß-Politik, den Kopf in den Sand stecken,

wegschauen, auf »die da oben« warten oder an die Selbst-
beruhigungspille glauben, dass mit ein wenig mehr umweltbewusstem Konsum und entsprechender Lebensweise
im Alltag der grundsätzliche Kurs geändert werden könnte,
sind keine Lösungen.

Doch es besteht überhaupt kein Zweifel daran, dass der
Konsum nachhaltig(er) werden muss. Der hohe Anteil des
Konsums an der Wirtschaftsleistung führt dazu, dass ohne
einen nachhaltigeren Konsum jeder Versuch eines Rich-
tungswechsels erfolglos bleiben muss. Die große Illusion
bezieht sich nicht auf die *Notwendigkeit* eines nachhaltigeren Konsums, sondern darauf, dass die Konsumenten
ihn mit Millionen von Einzelhandlungen im Rahmen ihrer
Konsumentensouveränität bewirken sollen.

Um einen durchgreifenden und stabilen Kurswechsel
zu erreichen, müssen die Rahmenbedingungen für das
Handeln der Menschen verändert werden. Dazu gehören die Besteuerung von Gütern und Dienstleistungen,
Gesetze und Verordnungen sowie Anreizsysteme, die unsere Entscheidungen beeinflussen. Die Gestaltung dieser
Rahmenbedingungen ist eine öffentliche Aufgabe. Sie
wird vom politischen System bewerkstelligt. Die in diesem Buch eingenommene Perspektive besteht darin, an
unser aller Mitverantwortung zu erinnern, die wir als
Teilhabende an einem demokratischen System haben.
Denn Nachhaltigkeit ist keine Angelegenheit für uns allein als Konsumenten, sondern auch und vor allem für
uns als Bürger.

Somit besteht kein Grund zu der resignativen Haltung, dass man als Einzelner sowieso nichts machen könne oder dass die politische Klasse alles bestimme. Wir haben Möglichkeiten der Mitwirkung und der Initiative – und damit auch ein Stück der Verantwortung dafür, dass die öffentliche Seite des Konsums, die Rahmenbedingungen, unter denen er stattfindet, stärker in Richtung Umweltverträglichkeit und Nachhaltigkeit gestaltet werden. Es ist also nicht der Rückzug ins Private und Politikverdrossenheit angesagt, sondern Engagement und Initiative! Dass beides nicht überzeugend und konsistent möglich ist, ohne auch den Konsum im privaten Bereich nachhaltiger zu gestalten, ist ein willkommener Nebeneffekt – nicht aber die Hauptsache.

Literatur

Allin, C. W. (1982): The Politics of Wilderness Preservation. Greenwood: Westport

Adler, Michael (2011): Generation Mietwagen. Die neue Lust an einer anderen Mobilität. München

Bastian, Till (2002): Vom Sinn, vom Zweck und vom ökologischen Ablasshandel. Scheidewege, abrufbar unter: www.scheidewege.de/archiv_lieferbar/testseiten32/406_407_Till_Bastian.pdf

Bilharz, Michael/Fricke, Vera/Schrader, Ulf (2011): Wider die Bagatellisierung der Konsumentenverantwortung. GAIA 2011/1, S. 9–13

Bilharz, Michael (2008): »Key Points« nachhaltigen Konsums. Marburg

Brand, Karl-Werner/Fürst, Volker (2002): *Voraussetzungen und Probleme einer Politik der Nachhaltigkeit – Eine Exploration des Forschungsfelds*. In: Brand, Karl-Werner (Hg.) (2002): *Politik der Nachhaltigkeit. Voraussetzungen, Probleme, Chancen*. Berlin, S. 15–109

Busse, Tanja (2006): Die Einkaufsrevolution. Konsumenten entdecken ihre Macht. München

Dahl, Jürgen (1992): Zwölfzylinder, schadstoffarm. Von den Aporien des so genannten Umweltschutzes. Scheidewege 1991/1992, S. 230–236

Dauvergne, Peter (2008): The Shadows of Consumption. Consequences for the Global Environment; Cambridge, Mass. [u. a.]: MIT Press.

Geden, Oliver (2009): Strategischer Konsument statt nachhaltiger Politik? Ohnmacht und Selbstüberschätzung des »klimabewussten Verbrauchers«; in: Transit, Band 36, S. 132–141

Gruhl, Herbert (1975): *Ein Planet wird geplündert: die Schreckensbilanz unserer Politik.* Frankfurt a. Main

Grunwald, Armin (2010): Die Ökologie der Individuen. Erwartungen an individuelles Umwelthandeln, in: Büscher, Christian/Japp, Klaus (Hg.): *Ökologische Aufklärung. 25 Jahre »Ökologische Kommunikation«.* Wiesbaden, S. 231–257

Grunwald, Armin (2010): Wider die Privatisierung der Nachhaltigkeit. Warum ökologisch korrekter Konsum die Umwelt nicht retten kann. GAIA 19/3: S. 178–182

Grunwald, Armin (2011): Statt Privatisierung: Politisierung der Nachhaltigkeit. GAIA 2011/1, S. 17–19

Grunwald, Armin; Kopfmüller, Jürgen (2012): Nachhaltigkeit. Frankfurt/New York, 2. Auflage

Hauff, Volker (Hg.) (1987): *Unsere gemeinsame Zukunft. Der Brundtland-Bericht der Weltkommission für Umwelt und Entwicklung.* Greven

Heidbrinck, Ludger/Reidel, Johannes (2011): Nachhaltiger Konsum durch politische Selbstbindung. Gaia 2011/3, S. 152–156

Heidbrinck, Ludger/Schmidt, Imke (2011): Das Prinzip der Konsumentenverantwortung – Grundlagen, Bedingungen und Umsetzungen verantwortlichen Konsums. In: Heidbrinck, Ludger/Schmidt, Imke/Ahaus, Björn (Hg.) (2011): Die Verantwortung des Konsumenten. Über das Verhältnis von Markt, Moral und Konsum. Frankfurt/New York, S. 25–56

Heidbrinck, Ludger/Schmidt, Imke/Ahaus, Björn (Hg.) (2011): Die Verantwortung des Konsumenten. Über das Verhältnis von Markt, Moral und Konsum. Frankfurt/New York

König, Wolfgang (2008): Kleine Geschichte der Konsumgesellschaft. Konsum als Lebensform der Moderne. Stuttgart

Leggewie, Claus/Welzer, Harald (2009): Das Ende der Welt, wie wir sie kannten. Frankfurt am Main

Monkhouse, Claire/Dibb, Sue (2005): Making Sustainable Lives Easier. Sustainable Development Commission, London UK

Petersen, Thomas, Schiller, Johannes (2011): Politische Verantwortung für Nachhaltigkeit und Konsumentensouveränität. Gaia 2011/3, S. 157–161

Pötter, Bernhard (2010): Ausweg Ökodiktatur? Wie unsere Demokratie an der Umweltkrise scheitert. München

Reisch, Lucia/Hagen, Kornelia (2011): Kann der Konsumwandel gelingen? Chancen und Grenzen einer verhaltensökonomisch basierten sozialen Regulierung. In: Heidbrinck, Ludger/Schmidt, Imke/Ahaus, Björn (Hg.) (2011): Die Verantwortung des Konsumenten. Über das Verhältnis von Markt, Moral und Konsum. Frankfurt/New York, S. 221–244

Renn, Ortwin (2002): Nachhaltiger Konsum: was kann der einzelne tun?; in: Scherhorn, Gerhard/Weber, Christoph [Hg.]: Nachhaltiger Konsum. Auf dem Weg zur gesellschaftlichen Verankerung; München, S. 33–39

RNE – Rat für nachhaltige Entwicklung (2011): *Nachhaltiger Warenkorb*. http://www.nachhaltigkeitsrat.de/projekte/eigene-projekte/nachhaltiger-warenkorb/

Scherhorn, Gerhard/Weber, Christoph (2002) (Hg.): Nachhaltiger Konsum. Auf dem Weg zur gesellschaftlichen Verankerung. München

Siebenhüner, Bernd (2011): Kann die Politik es richten? – Konsument(inn)en als politische Akteure. GAIA 2011/1, S. 14–16

Smeddinck, Uwe (2011): Regulieren durch »Anstoßen«. Nachhaltiger Konsum durch gemeinwohlverträgliche Gestaltung von Entscheidungssituationen? *Die Verwaltung 44*, S. 375–395

Stehr, Nico (2007): Die Moralisierung der Märkte. Eine Gesellschaftstheorie. Frankfurt am Main

Stengel, Martin (2002): Ökologische Psychologie, Oldenbourg, München

Thaler, Richard/Sunstein, Cass (2003): *Libertarian Paternalism*. American Economic Review, Vol. 93, Nr. 2, S. 175–179

UBA – Umweltbundesamt (Hg.) (2011): *Einblick in die Jugendkultur. Das Thema Nachhaltigkeit bei der jungen Generation anschlussfähig machen.* Dessau

Ullrich, Wolfgang (2007): Gewissen ist geil. Wie moralischer Konsum sein eigenes Anliegen untergräbt, auf: http://changex.de/d_a02720.html

von Weizsäcker, Carl Christian (2005): Zwangsernährung. Auf dem Weg in die Ökodiktatur. Frankfurter Allgemeine Zeitung 29.5.2005

von Weizsäcker, Ernst Ulrich/Lovins, Amory/Lovins, Hunter (1995): Faktor vier: *Doppelter Wohlstand – halbierter Naturverbrauch.* Der neue Bericht an den Club of Rome. München

Welzer, Harald (2011): Empört euch – über Euch selbst! Der Spiegel 28/2011, S. 112 f.

Wenzel, Eike/Rauch, Christian/Kirig, Anja (2007): Zielgruppe LOHAS: *Wie der grüne Lifestyle die Märkte erobert.* Ruppertshain

Dank

Dieses Buch geht zu einem guten Teil zurück auf eine lange Tradition des Nachdenkens und Forschens über Nachhaltigkeit im Institut für Technikfolgenabschätzung und Systemanalyse in Karlsruhe (ITAS). Dank sei den Mitarbeiterinnen und Mitarbeitern im ITAS-Forschungsbereich ›Nachhaltigkeit und Umwelt‹ gesagt. Spezieller Dank gilt Jürgen Kopfmüller für viele Jahre der intensiven Diskussion über Nachhaltigkeit in gemeinsamen Forschungsprojekten und Publikationen. Christian Büscher, ebenfalls ITAS, gebührt Dank für die Anregung zu einer intensiveren Befassung mit der Rolle der Konsumenten, ohne die dieses Buch nicht entstanden wäre.

Zu einem anderen Teil nimmt das Buch Argumente auf, die in einer Reihe von Beiträgen in der Zeitschrift GAIA sowie in einer E-Mail-Diskussion im Netzwerk Technikfolgenabschätzung (NTA) ausgetauscht worden sind. Den Teilnehmerinnen und Teilnehmern, besonders

Ulrich Riehm und Karsten Weber als Initiatoren der NTA-Debatte und Michael Bilharz, Vera Fricke, Ludger Heidbrinck, Thomas Petersen, Johannes Reidel, Johannes Schiller, Katharina Schmitt, Ulf Schrader und Bernd Siebenhüner als Autoren der GAIA ebenfalls einen herzlichen Dank.

Armin Grunwald

Der Physiker und Philosoph Armin Grunwald untersucht am Karlsruher Institut für Technologie die Wechselbeziehungen zwischen Technik, Mensch und Gesellschaft. Seit 2002 leitet der Experte für Nachhaltigkeitsthemen zudem das Büro für Technikfolgenabschätzung beim Deutschen Bundestag. Sein Hauptinteresse gilt ethischen Fragen verantwortlicher Innovation und der Transformation unseres Energiesystems.